大是文化

金錢決定歷史

50대 사건으로 보는 돈의 역사

我決定好好讀史

國家能否強盛，隔壁鄰居是關鍵；
我若要有錢，就別跟央行作對；
致富的答案，都藏在歷史裡。

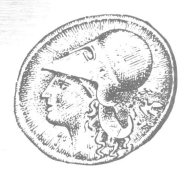

最會用歷史故事解釋經濟的暢銷書作家
洪椿旭——著　金勝煥——譯

CONTENTS

第一章

想贏得戰爭，船堅炮利不如雄厚財力・019

CONTENTS

推薦序一
檔面下的祕密，從「錢」說起

「歷史說書人」團隊／柯睿信

在我們過去所學的歷史中，總會出現一種奇怪的現象，那就是一個國家忽然興盛起來，成為當地呼風喚雨的霸權，但又因為幾個錯誤的決定，或者不重要的小事，轟然倒下，荷蘭與西班牙帝國崛起都是典型的例子，不過我們似乎把這些興衰輪迴看得太尋常，以致在觀看歷史時，總不將眼光拉得更深遠，只是做出一貫的嘆息，並將所有原因歸咎於膚淺的表面原因。

如果只盯著歷史的表皮，並不能清楚了解真正的情況，舊時代的史書往往以個人，或者政治作為出發點，比較複雜且宏觀的「經濟層面」常被視而不見，然而想要清楚解釋社會發展的脈絡，絕對不能缺少它。

以金錢的角度來看待歷史，可以發現許多檔面下的祕密。美國經濟大蕭條為什麼會持續那麼久？為什麼有些國家在二戰結束後，經濟無法迅速恢復往日水準？許多人只會簡單用「當時的金融體制尚未成熟」一筆帶過，不過歷史哪有那麼簡單？

其實這背後隱藏著諸多複雜的專業經濟知識，例如廢除金本位制、下調利率、擴大基礎建設等政策；各個國家有不同的應對方法，而這些方法是否有效，也決定了國家在未來 20 年內是衰敗還是興起。

金錢決定歷史，
我決定好好讀史

　　此書最吸引我目光的地方，在於作者並非正統的歷史學者，洪椿旭是經濟學博士，具有專業的股市金融分析能力，出版的相關著作也甚為眾多，至今已經出版了十餘本著作，在韓國享有非常高的知名度。

　　在本書中，作者以專業的經濟學角度回首過往歷史事件，用簡潔有力的方式建立了流暢的時間與空間脈絡，並以完整的資料呈現出來。

　　從西漢後期，中國以迂腐的莊園文化取代活絡的市場流通，到 19 世紀初，英國看似僥倖得勝的特拉法爾加海戰，乃至 1997 年導致韓國宣布破產的亞洲金融風暴。作者跨足東西方，以經濟剖析局勢發展，藉此推導出歷史的演變與興衰，繁雜的知識立刻變成了清晰的脈絡，躍然紙上，讓我們一目瞭然。

　　作者也在一些小細節上，彰顯出自己獨特的觀史魅力，比如 1760 年的工業革命，作者認為使英國人邁向成功的因素來自於穩定的資本力量，而這些經濟收入來源，與中國的鴉片貿易有非常大的關係。

　　早在鴉片戰爭之前，英國便已經開始販賣鴉片，由英屬殖民地印度生產的巴特納鴉片，源源不絕的從沿海輸往內陸各地，成為英國平衡對清朝貿易逆差的重要商品。工業革命不是偶然，技術發展雖至關重要，但背後也得擁有促使進步的原動力。

　　仔細想想，歷史上發生的一切災難或革新，其背後所牽扯到的，其實都是錢的問題。相信讀者在閱讀這本書的過程，也能激發出不一樣的見解，看出經濟學的趣味，以及歷史學的廣博。

推薦序二

掌握歷史脈絡，可以更自在的度過每一次的景氣循環

「Freddy Business & Research」版主／Freddy

如果把我個人的藏書做個統計，經濟金融史應該會占有相當的分量，很高興《金錢決定歷史，我決定好好讀史》也成為我書架上的一員。身為一個曾經夢想成為經濟史學家的現役投資機構研究員，只要看到市面上有不錯的經濟金融史著作，我都會忍不住翻閱並且帶回家閱讀，除了興趣使然，經濟金融史總是能為我的投資思考帶來更有意義的洞察，並且轉變為能說服專業投資機構的內容。

談到歷史，就得先區別歷史事實和歷史解釋。我們所見的歷史，往往是前人對歷史事實的解釋。解釋相當於自身觀點的陳述，當閱讀更多各自獨立的觀點，我們就會越趨近於歷史事實的樣貌。本書和其他優秀的經濟金融史著作一樣，是以金融制度為經緯，跨越國別與年代，帶領讀者編織出人類發展進程的樣貌。

運用經濟與金融視角來解釋歷史有個好處，那就是能夠在盡可能排除主觀因素的情況下，更清晰的看到世界歷史發展的因果關係。

17 世紀西發里亞體系確立主權國家與現代國際秩序後，國家與政府成為影響世界發展的要角。而政府的政策制定，不僅要考

慮到社會與文化情感的因素，甚至可以說經濟與就業可能才是更主要的思考面向。

另一方面，金融總是往潛在經濟報酬率與生產力最高的地方流去；反過來說，追蹤金融流向，往往能判斷經濟與生產力的發展方向，甚至能預測以這個主權國家為主體之地區的大致走向。

如果從人類和市場的自利行為出發，你也會發現，科技會為了提升生產力而不斷進步，金融同樣會流向潛在報酬與生產力最高的產業與企業，而這些產業與企業造成的壟斷局面，總是會被政治與法律監管，讓政府抑制逐漸升高的貧富差距。

由此可知，不論是從國際政治這種由上而下的觀點，還是人類自利行為這種由下而上的視角，金融和經濟都在中間扮演加速器的角色。研究金融和經濟在歷史中扮演的角色，往往是理解人類過去如何發展，未來又將何去何從的錨點。

不過，我們研究經濟與金融的歷史，也不是為了要從中複製貼上某一段發生過的事情，然後直接套用為判斷依據，這是想運用歷史作為力量者的大忌，而對於投資者來說，更是做出不良決策的因素。

不論是個人投資、企業營利、政策制定，過程中一定有非常多的變數，所以很難把歷史經驗直接套用，畢竟時空背景不同，科技有所差異，市場制度也因為過去的錯誤發生了變化。

但我們可以找出某些再三發生的模式，從中發現不論科技與環境再怎麼進步與變化，人性總是在恐懼與貪婪之間擺盪的現實，並學習如何從某些規律中跨越這些恐懼與貪婪，做出更好的決策。

而更進一步，以經濟與金融史為基礎，再逐步加入科技、政

治與制度、社會與文化，你會發現當知識層層堆疊上去的同時，自己也會對局勢產生獨到且全面的見解。當多數人因為資訊科技進步，變得更難以辨識訊號與雜訊的差異時，掌握多面向歷史脈絡的人，可以更自在的度過每一次的景氣循環。

　　這也是為什麼我認為每一個人，尤其是投資者需要研究經濟與金融史的原因，而本書是建立經濟與金融歷史視角的一本入門好書，在這邊推薦給大家。

錢為什麼變薄了？
經濟邏輯和你我大有關係

時空偵探・文化工作者／宋彥陞

　　在美國歷任總統當中，老布希（George H. W. Bush）堪稱是「成也經濟，敗也經濟」的代表人物。1988 年，他以著名的「聽好了，不加稅」宣言打贏總統大選，並在波斯灣戰爭、冷戰等重大事件領導美國邁向勝利，成功把美國的全球影響力提升到嶄新高度。

　　另一方面，老布希為了改善龐大的財政赤字，被迫違背不加稅的承諾，卻仍然無法重振國內的低迷景氣。到了 1992 年，競選對手比爾・柯林頓（Bill Clinton）抨擊他過度輕忽經濟議題，甚至推出「笨蛋，問題在經濟」作為競選口號。最後，老布希便以 202 張選舉人票的巨大差距黯然退場。

　　關於經濟這回事，相信大家都聽過「一文錢逼死英雄漢」這句話，用來形容金錢對於人類生活的重要性。不過，想要弄清楚金融體系如何發展成現在這副模樣，我們不能只關注臺灣的經濟現況，還要進一步了解當前的國際局勢。

　　自大航海時代以來，各地區的經濟活動逐漸整合進國際市場，導致世界各國越發休戚與共。是故，一旦發生區域性的金融危機，幾乎所有國家及其人民都無法完全置身事外。

　　話雖如此，多數民眾並不具備經濟學的專業知識，我們也未

必熟悉國際局勢的發展和走向。有鑑於此，本書作者洪樁旭透過金錢的角度解析近代歷史進程，嘗試幫助讀者釐清許多關鍵事件背後的經濟邏輯。

就以大家耳熟能詳的「工業革命」來說，很多朋友知道中國的社會總生產量，曾經長期領先西方國家，卻不清楚為何工業革命發生在相隔萬里的英國而非中國。

對此，本書精闢的指出英國之所以出現工業革命，在於當地工資相對昂貴，資本家有充分的動機研發機器設備，以減少對於人工的依賴。與此相對，同時期的中國擁有大量的廉價勞動力，可以透過長時間、高強度的勞動實現經濟增長，故而缺少生產機械化的強大誘因。

又以三十多年前的日本泡沫經濟為例，本書詳細分析了 1985 年的《廣場協議》如何對日本的匯率、股市和房地產造成影響，接著闡述日本的中央銀行在危機發生時，採取哪些錯誤的財政政策，終於讓日本陷入長期不景氣的泥淖。看在今日的國人眼中，無疑具有強烈的警世意義。

身處萬物皆漲、薪水不漲的時代，我們不時會發出「錢變薄了」的無奈唱嘆。即使金錢並不是解釋日常生活乃至國際局勢的唯一答案，一味的無視經濟邏輯，則會落入「見樹不見林」的思考窠臼。相較於多數學者習慣用艱深難懂的術語和圖表解釋經濟現象，本書透過大家熟悉的歷史事件講解其背後的經濟邏輯，幫助我們搞懂甚至預測現代經濟的發展趨勢，誠摯推薦給關注金融體系或是國際局勢的讀者朋友。

序言

用金錢了解世界史

　　我在 20 年前就已曾構思這本書，但因為種種原因終究未能下筆。2018 年末的某一次會議成了我著手寫這本書的契機。有一位與會者在前瞻金融市場的未來時斷言：

　　「我相當看好 2019 年的全球證券市場！因為這一年是川普（Donald Trump）總統任期的第 3 年，為了競選連任，他一定會竭盡全力提振證券市場。」

　　事實上這類言論我們常常在各種媒體，以及許多演講和講座上聽到，但是把經濟狀況或前景聚焦於某一特定人物的「意圖」或「個性」加以闡釋，這合適嗎？我認為並不妥當，以這種方式來預測本身就帶有很多的局限性。

　　最典型的例子就是在 19 世紀初，曾經稱霸歐洲的拿破崙（Napoleone Buonaparte），他曾在歐陸戰場贏得無數次戰役，甚至有人稱他為「戰無不勝」的軍事奇才，不過他的結局卻很悲慘。

　　1815 年，拿破崙在滑鐵盧一役中敗於英國威靈頓公爵（Duke of Wellington）統帥的聯軍，後被放逐到大西洋的聖赫勒拿島，直到 1821 年孤苦的在島上去世。

　　如此天才的戰略家，最後結局怎麼會如此悲慘？有些觀點認為，在滑鐵盧戰役中，只要普魯士軍隊晚到戰場一個小時，法國就會取得決定性勝利，歷史也會改寫。但我看未必。因為滑鐵盧

戰役之前，在西班牙的薩拉曼卡（1812 年）、俄國的博羅金諾（1812 年）以及德國的萊比錫（1813 年）等戰場上，拿破崙的軍隊就一直節節敗退。

那麼，把拿破崙引向敗亡的因素究竟是什麼？

當然，1789 年法國大革命之後二十多年的連綿戰火，使兵力資源枯竭這一點可視為直接原因，但是也絕不能忽略當時英國具有壓倒性的經濟優勢這一條件。

俄國違背拿破崙的「大陸封鎖令」（按：continental system，1806 年於柏林宣布啟動，旨在禁止一切來自英國的貨物登陸歐洲大陸），恢復對英貿易，西班牙人也幫助英軍展開游擊戰，所有的一切，歸根結柢都是因為英國提供了價廉物美的工業產品與充足的糧食。

拿破崙的戰爭留給我們的教訓也適用於證券市場。美國的卡特（Jimmy Carter）和老布希總統分別於 1981 年和 1993 年競選連任失敗，原因是什麼？難道他們在執政第 3 年（1980 年和 1992 年）不想提振證券市場以助競選連任成功嗎？

然而 1980 年的第二次石油危機和 1991 年的波斯灣戰爭，粉碎了他們的夢想。1993 年末，老布希的競爭對手柯林頓的競選口號——「笨蛋，問題在經濟」（It's the economy, stupid!）之所以引發人們強烈共鳴，也正是因為經濟不景氣。

當然，我並不認為近期證券市場會崩潰。任何人只要對 1929 年經濟大蕭條以後，全世界的中央銀行應付經濟不景氣的方法有所了解，同時看到我們現在這種相對來說「強勁期長，萎縮期短」的經濟景象，就會認同這一點。

　　最近的例子就是美國，美國經濟從 2009 年 3 月觸底以後到現在，也就是在我寫這本書的此時此刻（2019 年），一直保持著強勁趨勢。因此，現階段世界經濟因極端萎縮而陷入困境的可能性並不大。我只是反對僅僅以美國總統的個性或競選連任的動機，來預測世界經濟的未來。那麼，我們應該怎麼看待這個問題？

　　這也是我寫這本書的原因。我著重於觀察那些決定世界歷史進程的大事件及其背景，以便拓寬和加深我們了解世界的廣度和深度。當然，僅靠這一本書是難以解答所有疑惑的，我只是希望這本書有助於讀者了解世界史的另一面，即不要僅限於研究那些歷史英雄人物所起的作用，也要關注更為深層的其他因素。

　　為便於表述，本書分為七個章節。第一章，我們會以拿破崙戰爭為中心，觀察工業革命前後西方世界的發展過程，特別注重闡述中央銀行的出現，以及享有盛譽的金融體系是如何形成的。

　　第二章，我們將暫別歐洲，著重談以中國為中心的東方歷史。分析明朝嘉靖年間倭寇猖獗的原因，同時也觀察西班牙侵略美洲大陸對明朝的影響，從中可了解「貨幣供應」對經濟會產生怎樣的變化。

　　第三章，我們將研究工業革命的興起，特別關注以水稻種植為主的東方社會，為什麼沒有發生轉向機械裝備的革新，而是走向了集約式使用勞動力的「勤勉革命」（Industrious Revolution）。觀察這個過程，就會切身感受到人口壓力對經濟發展究竟會產生什麼影響。

　　第四章，我們將研究大蕭條，且特別注重對金本位制的說明，以及為什麼在金本位制下難以實行擴大貨幣供應的政策。

　　第五章，我們將研究 1971 年以尼克森（Richard Nixon）政府
改革國際貨幣金融體系為契機，金本位制澈底崩塌以後世界經濟
發生的變化，並由此探討 1970 年代通貨膨脹的高壓和兩次石油危
機的原因。

　　第六章，我們將研究《廣場協議》（Plaza Accord）簽訂前後
美國和日本的經濟動向，並分析為什麼會出現日圓強勢，而它又
是如何和歷史性的資產泡沫掛鉤。該章會特別指出在什麼情況下
資產價格會開始出現泡沫，並提供判斷依據，對理財有興趣的讀
者有必要重點閱讀。

　　第七章，我們將研究韓國經濟史上曾出現過的幾宗大事件。
包括 1950 年實施的「土地改革」所帶來的影響、1950 年代後期興
起的出口製造業的發展過程，以及 1997 年的外匯危機，期望讀者
能夠以此為基礎，了解外匯危機以後韓國經濟發生的變化。

1

想贏得戰爭，
船堅炮利
不如雄厚財力

01 英國為什麼能有強大海軍？他們不拖欠給人民的利息

　　對 19 世紀初稱霸歐洲大陸的拿破崙來說，最為危險的敵人是英國。為了牽制法國，英國不僅主導了 7 次針對法國的同盟[1]，也持續的支援了當時被稱為「法國後院」的西班牙和葡萄牙的叛亂（以下稱「半島戰爭」[2]）。在 1812 年的薩拉曼卡戰役中，戰敗法國軍隊的也是威靈頓公爵率領的英國大軍。

　　在半島戰爭中英國海軍取得了令人仰視的存在感。他們保障了從英國到葡萄牙的海上供給線，在軍糧、火藥等必需的軍事物資供應，也比地理位置上較為相近的法國更具優勢。而這是因為在 1805 年的特拉法爾加海戰中，英國海軍司令納爾遜（Horatio Nelson）擊敗了法國和西班牙的聯合艦隊，掌控了制海權。

　　讀到這裡，讀者可能會產生一個疑問：英國為什麼能夠培育出一支戰無不勝的海軍？

　　拿破崙一世登上皇位後的法國，統治了除了俄國和英國之外的歐洲大部分地區，不僅人口比英國多，而且也具備了培育海軍所需要的經濟力量。雖然人均收入較英國低，但因人口基數大，1780 年法國的國民生產毛額（GNP）達到英國的兩倍以上。

　　如果僅僅從可投入擴充軍事力量的財力看來，法國很顯然更為有利，可以製造出更多的戰艦，即使在局部戰鬥中失利了，也

有很大的可能成為戰爭的最終勝利者。

　　所謂戰艦是一種可以排成一列並向對方進行炮擊的戰鬥船。
而在當時，想打造可以發射火炮的船艦並不是一件簡單的事情。
也許有人認為，只要把火炮放在甲板上開炮不就完了嗎？但如果
真那麼做了，船舶就很可能因失衡而導致沉沒，所以必須把火炮
安裝在吃水線（船浮在水上時和水相接的警戒線）下的船體內部
進行發射。

　　而這裡也有工程問題需要解決，一是要在船體兩邊做出經
防水處理的炮門，二是要處理好開炮時產生的強烈的後座力。
解決後者的技術來自荷蘭和葡萄牙發明並改良的卡拉維爾帆船
（caravel）。這類船以超群的平衡能力吸收了火炮發射時產生的
後座力，並且具備了用輪子緩衝的發射臺裝置，在戰艦中使用這
一技術，後座力的問題就可以得到解決。

　　這在當時被視為最尖端的技術，所以戰艦的價格當然很昂貴。
而特拉法爾加海戰中納爾遜司令所乘坐的「勝利號」戰艦（HMS
VICTORY）就裝有 104 門大炮。

　　還有一個問題則是造船的木材要從瑞典和北美進口。建造一

---

[1] 為了防止法國大革命的影響擴大，以及對抗拿破崙一世統治歐洲大陸，以英國為中心的歐洲國家締結的軍事聯盟。從 1793 年到 1815 年曾結盟 7 次，第 7 次結盟時，同盟軍在滑鐵盧戰役中擊敗拿破崙的軍隊，並將拿破崙流放到聖赫勒拿島。

[2] 1808 年至 1814 年，為了抵抗拿破崙占領伊比利亞半島，西班牙、葡萄牙和英國結盟針對拿破崙展開的戰爭。拿破崙軍隊在 1812 年於薩拉曼卡戰役中受到了致命打擊，並在隔年 1813 年，於萊比錫戰役中被完全擊敗。這次戰爭也成了拿破崙的軍隊統轄體制開始產生裂痕的直接原因。

艘「勝利號」戰艦（見圖表 1-1），單是松樹一種木材就需要 6 千棵，費用可達 6.3 萬英鎊，如果按照現在的價值換算，超過 110 億韓元（按：約新臺幣 2 億 7,550 萬元）。況且，這只是建造船隻的費用，還不包括火炮的生產以及士兵的費用（木製帆船使用 30 至 40 年後，會木爛水漏，因而不能繼續使用，實屬價格昂貴且使用期短的資產）。

那麼英國是如何做到建造和維護其龐大的艦隊的呢？

諾貝爾經濟學獎得主道格拉斯・諾斯（Douglass C. North）注意到了 1688 年的光榮革命。以光榮革命為起點，英國的國債利率急劇下降，因此在與法國等敵對國家的競爭中能夠占據優勢。

圖表 1-2 展示的是 1688 年前後，英國政府發行的國債利率

▲圖表 1-1 納爾遜司令的旗艦「勝利號」。

的演變情況。光榮革命以前英國政府的國債利率遠遠超過 10%。利率之所以如此高，是因為英國斯圖亞特王朝（The House of Stuart）頻繁不履行債務。

這裡可以舉個典型的例子：1671 年，當時的英國國王查理二世（Charles II）停止支付債券的利息和本金，這對那些大量購買政府發行的債券，再小額銷售給富有階層的倫敦金融業者們帶來了致命打擊。

而英國王室會宣布不履行債務的原因，是當時國家財政並不穩健。查理二世的父親查理一世（Charles I），之所以會引起當時的國會議員奧立佛・克倫威爾（Oliver Cromwell）率軍發起內戰並

圖表 1-2 英國國債利率演變

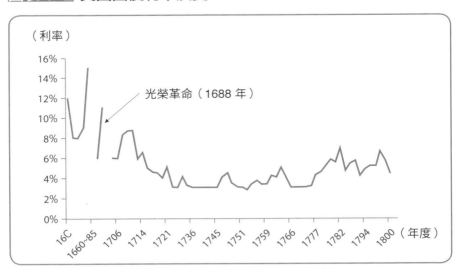

資料來源：《利率的歷史》（A history of interest rates）。

參見：시드니 호머, 리처드 실라, 『금리의 역사』, 리딩리더(2011).

被處死（清教徒革命），也是因為建造戰艦徵收的特別稅——造艦稅，導致貴族和金融業者們的反抗。

雖然英國的清教徒革命帶來了共和制，但是克倫威爾逝世之後，1660 年皇室又復辟了。繼查理二世後登上王位的詹姆斯二世（James II）並未吸取教訓，反而開始恣意徵收「壁爐稅」[3] 等眾多稅種，導致了以議會成員為首的納稅者

▲圖表 1-3 把荷蘭的金融制度帶入英國的威廉三世。

們的強烈反抗。其結局是 1688 年，英國資產階級和新貴族們發動了光榮革命，並攆走了詹姆斯二世。

英國議會將荷蘭的威廉三世（Willem III van Oranje）推崇為新的國王，條件是徵收新的賦稅必須經過議會同意，以及不能隨意掠奪國民的財產。從此，英國政府再也沒有一次延遲支付過債券的利息和本金，這是因為政府認識到，如果國王隨意課稅或者延遲支付債券利息，就可能會立即引發人民革命。

---

[3]1662 年以財產稅概念引入的稅種，是根據住宅裡設有壁爐就意味著富裕的邏輯。一個壁爐 2 先令，一年交付兩次。但是壁爐其實與貧富無關，幾乎家家都有，所以其稅收達到 20 萬英鎊（當時總稅收規模大約為 180 萬英鎊），引起國民強烈反抗，最後壁爐稅在 1689 年被廢止。

02 最早的證券市場，和荷蘭的土地政策有關

　　什麼是「市場經濟」的象徵？要回答這個問題，我們腦海中可能會浮現出很多概念，但好像沒有其他東西能比「證券市場」更具有象徵意義了。

　　什麼是證券市場？簡單來講，就是交易股票等有價證券的地方。在這裡股票指的是某一企業的股份，但並非一般的股份。在股份公司出現以前，創業需要「豁出一切的決心」，因為如果事業不順，必須償還所有因創業失敗而背負的債務。

　　從古至今，不履行債務的人都會受到懲罰。例如在羅馬，即使是非常小的債務，如果債務人不履行，其所有財產就會被沒收，作拍賣處理。西方世界的這一慣例也一直持續到 19 世紀，所以在當時創業可不是一般人所能做的選擇，即使有好的生意點子，想付諸行動也要承擔相當大的風險。

　　但隨著社會的發展，越來越多的人意識到「無限責任」原則是創業的絆腳石。特別是大航海時代開啟以後，創業成了需要數年或幾十年長期經營的事業，因此以「有限責任」為其基礎、能夠從事長期經營的新制度，即成立股份公司的概念就衍生出來了。即使創業失敗，只要放棄自己所投資的股份，就不會再被追究責任，這就是「有限責任」制度。

在這裡讀者可能會有一個疑問：開啟大航海時代的國家是西班牙和葡萄牙，為何是荷蘭推出了世界上最早的股份公司——東印度公司呢？當然這其中的原因眾多，但是荷蘭擺脫了「莊園制度」——中世紀歐洲社會的核心，這一點起到了相當大的作用。

所謂的莊園制度，就是領主垂直統治自己封地裡農奴的一種制度。領主會給予依附自己的農奴最低限度的保護，即保障其人身安全和施予其可供種植的土地使用權。如果領主失去權勢或者在戰場上失去生命，那麼他的莊園就將以交易的方式被轉移到別的領主那裡。

但是以阿姆斯特丹為主的大部分地區都沒有發達的莊園制度，因為荷蘭大部分的陸地都是來自填海或者開墾沼澤地，所以不論教會也好，貴族也好，都不便輕易的主張其所有權。

有別於其他歐洲國家的人，荷蘭人會自由交易自己開拓的土地。以現在分屬荷蘭和比利時的荷蘭省為例，貴族所有的土地只不過占 5％而已。也正因為如此，荷蘭人才能夠擺脫傳統和宗教的束縛，秉持實用主義的態度。

16 世紀宗教改革開始時，印刷並發行馬丁‧路德（Martin Luther）的《九十五條論綱》之地也是阿姆斯特丹。在那裡，以哲學家伊拉斯謨（Erasmus von Rotterdam）為首的思想家們，也能夠勇敢的闡述自己的思想並進行學術論辯。

不僅是開放的風土人情，從 16 世紀末開始延續的獨立戰爭[4]（1568 年至 1648 年）也成了誘發革新的原因。當時統治荷蘭南部的西班牙人限制宗教自由並徵收沉重的賦稅，引起大範圍的反抗、烽火四起，導致西班牙政府焦頭爛額，沒有餘力圖謀進軍海外。

而此時的荷蘭政府正在培育民間資本，以圖長久開拓海外市場，東印度公司[5]便應運而生。

　　從非洲最南端好望角，到美洲大陸西海岸的廣闊地域上，東印度公司都為荷蘭政府建設要塞、實施軍事行動，提供了巨大的支援。特別值得一提的是，在阿姆斯特丹事務所登記的東印度公司首批股東竟達到 1,143 名，所以很輕易的就籌集到巨額資本金。

　　占領印尼馬魯古群島、建築要塞、招募僱傭兵，這些都需要資金，但是現在這個問題也能輕而易舉的解決了。再者，儘管這個組織很龐大，旗下的組織也不能隨意行動，由於所有權和經營權分離，所以重要的事情必須由選出的理事們決定，而投資者們的選擇則是要麼遵從這些理事們的決定，要麼賣掉股份，只能兩者選其一。由於股份公司在法律上是獨立實體，其運營不取決於所有者個人，所以投資者的選擇也不影響公司的壽命。

　　當初成立東印度公司的荷蘭政府，也沒有想到這個公司會持續這麼長時間。根據最初成立東印度公司時的公司章程，該公司

---

[4] 原屬西班牙殖民地的荷蘭北部七省抗爭西班牙爭取獨立的戰爭。中世紀以後荷蘭因工商業發達而繁榮起來，很多城市都擁有自治權，而在北部地區，由於宗教改革派教徒激增，西班牙國王以維護天主教為名進行了鎮壓，並剝奪其自治權、增加賦稅，引發了市民的抗爭。經歷了八十多年反覆的戰爭，直到 1648 年簽訂《西發里亞和約》後才結束。史稱八十年戰爭。

[5] 16 世紀末，荷蘭、葡萄牙、西班牙商人展開了交換東方貨物與波羅的海貨物的貿易，而此後荷蘭也在各地成立很多貿易公司，但產生了公司良莠不齊、競爭激烈的現象，顯現眾多弊端。為了解決這個問題，荷蘭政府在 1602 年合併了這些公司，統稱為聯合東印度公司（荷蘭東印度公司）。東印度公司被政府賦予東方貿易的獨占權，以及組建軍隊、任命文官、修築要塞等許可權，實際為政府的經濟、軍事的代行機關。

預定是要在 21 年後註銷的。不過按當時的標準，21 年的期限對一個公司來說已經是幾近永恆的概念。

　　東印度公司的創立者們考慮到這可能會引起投資者們的憂慮，因此加了一個「中間核算」條款，即在公司成立 10 週年，也就是 1612 年時，將進行會計帳目總核算，向股東們公開公司的營運狀況，如果有人希望回收投資資金，就將照此辦理。

　　但事實證明這種考慮是多餘的，如下頁圖表 1-5 所示，東印度公司維持了數百年，很多投資者都在交易東印度公司的股票，以至於在阿姆斯特丹出現了世界上最早的證券市場。雖然經歷了幾

▲ 圖表 1-4 1726 年，阿姆斯特丹東印度公司的造船所。

次危機，但是東印度公司並沒有停止支付股息，隨著股價的長期
上升，很多股東都成了富翁。

當然萬事並非一帆風順，證券市場的穩步發展迎來了「理財」
風潮。得力於東印度公司成功的開拓了世界市場，準確的說，是
因為它占領了盛產以胡椒為主，及其他各種昂貴香料的印尼馬魯
古群島，使得非常多資金湧入荷蘭。

當然，海外資金流入越多，經濟形勢就會變得越好。但是如
果資金管理不當，就會發生諸多問題，其中最為典型的例子就是
「鬱金香狂熱」（Tulipmania）。

圖表 1-5 17 世紀東印度公司股價演變

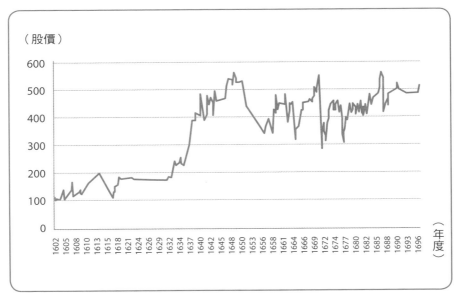

資料來源：《世上第一家證券交易所》（*The world's first stock exchange*）。

▲圖表 1-6 17 世紀最昂貴的
鬱金香之一。

　　在 1630 年的荷蘭，土耳其的園藝植物鬱金香人氣非常高。特別是當時鬱金香是以球根的形態進行交易，花的模樣和顏色無法預測，這一點更刺激了賭博性投資。

　　1630 年代中期，一株花根的交易價格已經漲到一位工人年收入的 10 倍，這就引爆了「價格瘋漲吸引下一個新買家」的典型金融投機潮。但是在某一瞬間，價格沒有繼續上揚而是急轉直下，而且市場上全都是要出手拋售的人，於是泡沫就破滅了。

　　但也有人反駁認為，「鬱金香狂熱」規模並不大，且其價格也沒有達到可稱為泡沫的程度。因為當時荷蘭正處在鼎盛時期，在 17 世紀發生的幾次重大戰事中荷蘭始終占據上風，而且當時荷

蘭還統治著印尼馬魯古群島，獨占香料的供給等各種優勢，這樣
的荷蘭不至於因為「鬱金香狂熱」而受到致命的打擊。

在這裡讀者可能又會有一個疑問：曾支持哥倫布發現新大陸，
並於 16 世紀初在美洲大陸發現史上最大規模「銀礦」的西班牙人，
為什麼沒有能夠阻止荷蘭的獨立？我們將在下一節談談這個問題。

▲**圖表 1-7** 位於阿姆斯特丹的荷蘭東印度公司本部。

03 軍隊強悍、經濟羸弱的西班牙

　　從 1492 年哥倫布發現新大陸後的 100 年，西班牙幾乎占盡了所有能夠想像到的好運。從印加和馬雅統治者那裡掠奪來的金銀快要枯竭時，1545 年在玻利維亞的波托西（Potosí）發現了史上規模最大的銀礦；而此後不到一年的時間，1546 年 9 月 8 日，由西班牙人和南美洲原住民組成的探險小隊，在墨西哥的薩卡特卡斯（Zacatecas）又找到了一處礦藏豐富的銀脈。

　　幸運之神並沒有在此停止腳步，1540 年義大利的技師萬諾喬・比林古喬（Vannoccio Biringuccio），在《火焰學》（Delapirotechnia）一書中提出了一種利用水銀從礦石中提煉金屬的嶄新、高效工藝。

　　這一革新技術對當時的西班牙來說非常及時，因為該國南部莫雷納山脈（Sierra Morena）的豐富水銀礦產得以被充分利用了。巨大礦山的發現和經過革新的提煉工藝，使西班牙得到了巨大的財富，波托西礦場的銀產量，也從年產 5 萬公斤增加到最多時的28 萬公斤。

　　但是這卻成了西班牙的魔咒，因為當時誰也不知道從海外引入的金、銀會給經濟帶來怎樣的影響（見下頁圖表 1-8）。

　　讓我們先假設世界上只有 A 和 B 兩個國家，在特定的時間點，假如 A 國（西班牙）發現了金礦，隨之急劇增加了貨幣量，會出

現什麼樣的局面？

當然，如果 A 國有著出色的生產能力，能夠生產出和貨幣供應量相應的各種產品，是不成問題的；但是如果 A 國的生產能力有限，貨幣量的增加會使物價持續上漲。而如果發生物價上漲且產品緊缺的情形，就會導致 B 國（荷蘭）的產品在 A 國銷路大開，讓 B 國的食品、日用品、服裝等商品大肆進入 A 國，而 A 國的貴金屬就會因此流向 B 國。這就是典型的「荷蘭病」（Dutch disease）。

圖表 1-8 1503 ～ 1660 年從美洲大陸進入西班牙的銀幣數量

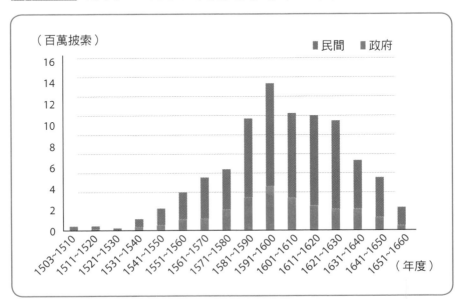

荷蘭於 1959 年在北海發現大規模的氣田，之後靠出口天然氣每年收入幾十億美元，而回收出口貨款使得荷蘭盾（荷蘭的貨幣）價值大幅上升，以致到了 1970 年，除了出口天然氣的出口企業以外，別的出口企業在國際市場上失去了競爭力。這種開發資源以後卻使資源國的經濟變得沉滯的現象，便被稱為「荷蘭病」。

16 世紀的西班牙也遇到了類似的問題。為了經營美洲大陸的巨大殖民地，就必須不停的輸送各種必需品。供應麵粉、橄欖油、食醋等不難，可是毛織品、皮靴、毯子、家具、絲織品、鐘錶等物品卻難以滿足需求。

為此，西班牙的統治階層不禁感嘆：「我們的王國完全可以靠美洲來的金和銀成為世界上最為富裕的國家，可是我們卻把金和銀輸送給我們敵對國，讓自己淪落成了最貧窮的國家。」

學習現代經濟學的人會馬上想起針對這種狀況的處方，也就是在貨幣急劇增加、通貨膨脹難以控制時，用提高利率來穩住整體經濟，這是首選對策。但在當時，西班牙並沒有中央銀行，所以無法施行財政政策，加上當時哈布斯堡王朝（Habsburg）的王室們不僅不實行貨幣緊縮政策，反而不停發起大規模的戰爭，使事態更加惡化。

1517 年馬丁・路德發表了《九十五條論綱》，在以此為契機開始的宗教改革過程中，西班牙的國王們非常積極的擁護舊教，他們對宗教的信仰逐漸轉化為好戰並對外干涉的政治傾向。

根據歷史學家們的研究，1400 年到 1550 年間最為好戰的國家是西班牙和奧斯曼土耳其帝國。不言而喻，長期的大規模戰爭加重了財政負擔，同時也使眾多適齡的勞動力都投入到戰場中，西

班牙國內的生產能力也隨之跌
入谷底。

當然，從 16 世紀到 17 世
紀，西班牙一直以擁有歐洲最
強的軍力自居。當年探險家法
蘭西斯克‧皮薩羅（Francisco
Pizarro）率領由兩百多名士兵
組成的遠征隊就足以征服印加
帝國，藉此看出「西班牙大方
陣」（Tercio）是多麼恐怖的
對手。

所謂西班牙大方陣指的
是，大約 250 名士兵組成隊形
攻擊敵人，先由長矛兵阻止敵
人騎兵，之後由長槍兵向敵人
齊射，挫敗敵人的銳氣，再由
長矛兵進行攻擊，擊潰敵人。
其核心在於利用長矛兵來掩護
長槍兵裝子彈的時間差。

▲圖表 1-9 發動大規模戰爭，致使西班
牙經濟惡化的費利佩二世（Felipe II de
España）。

西班牙擁有熟練運用如此高超戰術的強大陸軍，可是卻在不
停重複「贏在戰鬥、卻輸在戰爭」的模式，其中一個典型的例子
就是荷蘭的獨立戰爭。

當時以西班牙為首的歐洲軍隊，建制都是「傭兵」制度，所
以需要大量的軍餉。也有和從前一樣擁有騎士團的國家，但是隨

著以西班牙大方陣為主、革命性戰術的開發，騎士團的戰鬥力大為減弱，國家對傭兵的依賴程度卻變得越來越高。

而傭兵們本來就不會忠於某一個特定的國家，他們可以隨著其隊長的選擇隨時轉到敵對的一邊，如果供給不及時，還會經常發生掠奪周邊地區以「回收費用」的情況。在荷蘭獨立戰爭時發生的「安特衛普圍困」事件就是其典型的例子。

當時的西班牙王室因為陷入和奧斯曼土耳其人的長期戰爭，且王室在 1575 年破產，未能及時給傭兵部隊支付傭金。而駐紮在荷蘭的西班牙傭兵部隊，便洗劫了歐洲最富有的城市安特衛普（現屬比利時），殺害七千多名市民，把城市摧毀成廢墟。

被此事震驚的荷蘭南部商人和知識分子停止了對西班牙人的支持[6]，而安特衛普圍困事件一年之後（1576 年），讓荷蘭南北方人民開始不問宗教差異，只為齊心協力驅逐西班牙而簽訂了《根特協定》。

不可否認，荷蘭軍事天才「拿索的毛里茨」（Maurits van Nassau）伯爵獨創破解西班牙大方陣的高超戰術，令荷蘭取得了贏得獨立的關鍵，但是如果西班牙實施更為穩健的財政政策，更為靈活的使用新大陸的貴金屬，那麼就有可能更長久的維持自己的霸權。

在下一節我們將探討，為什麼西班牙人對新大陸的貴金屬會如此的狂熱？

---

[6] 荷蘭獨立戰爭是由荷蘭省、烏特勒支省等北部七州的新教徒們，抗拒宗教鎮壓發起的市民運動發展而來，而當時以天主教為主的荷蘭南部反而支持西班牙。

04 16 世紀的物價革命，使資本主義開始發展

西班牙人為了尋找黃金，劈波斬浪直奔新大陸，最後卻拜他們獲得的寶物所賜，國家衰落，百姓受窮。聽了這樣的故事不少讀者可能會疑惑，為什麼西班牙人沉溺於黃金等貴金屬不能自拔，甚至不惜冒生命的危險呢？

當然現在無法準確知道其真正的原因。就像哈拉瑞（Yuval Noah Harari）在他的《人類大歷史》（*Sapiens：A Brief History of Humankind*）一書中主張的那樣，自從人類「可以想像世上不存在的事物」後，就開始把貝殼和大石頭認作貨幣，這可以說是一切的起點。

隨著人們對貨幣需求的高漲，黃金和白銀這樣的貴金屬就上升為強而有力的候補貨幣。貴金屬能成為候補貨幣是因為具有以下三個優點。

首先，黃金是延展性很強的物質，經過鍛造可做到二十七萬兩千分之一英寸的厚度，也可以拉伸成細細的線狀物。這樣的特性使貴金屬便於被切成小塊交易，也適用於製造各種飾品，而貝殼和其他候補貨幣則難以被切成細小的塊狀。

第二個原因是易於保存。曾作為貨幣的貝殼（見下頁圖表1-10）一旦破碎，很難再作為貨幣流通，而黃金則能長時間不生鏽，

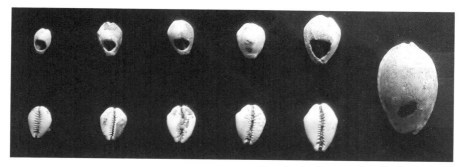

▲ 圖表 1-10 古代使用的貝幣。

雖然較為柔軟，但只要與錫、銅等多種金屬混合加工成合金的話，就變得較為堅硬，有利於鑄幣。

最後一點是**具有使用價值**。在日本，早期起貨幣作用的是大米，在朝鮮是棉布，這是因為大米和棉布都是衣、食、住的一環，具有很高的利用價值。

黃金在這方面也具備充分的條件。在古埃及法老王圖坦卡門（Tutankhamun）的陵墓裡發掘出的無數黃金飾品也可以證明，對社會地位越高的階層來說，黃金的使用價值就越高。正因為這種傾向，即使持有少量的黃金也能購買到價格很高的物品。此外，相較於大米和棉布而言，黃金還具有運費相當低廉的優點。

不過，即使滿足了這些條件，黃金也不可能自行變成貨幣，必須經過漫長的純度和重量測定過程。

1529 年，在與西班牙戰爭中戰敗的法國國王法蘭索瓦一世（François I），支付給了西班牙國王查理五世（Karl V）120 萬的埃斯庫多（Escudo，葡萄牙貨幣），作為兩個兒子的贖金，而光是檢驗和清點這筆錢就花了四個月。

在這個過程中，西班牙人還以不符合標準為由拒絕接受其中四萬枚硬幣。解決這樣的困難只有兩種方法。一種方法是發行有國家政權作保障的「證書」，即發行紙幣，使之能夠在政府營運的銀行隨時兌換成黃金。

另一種方法就是鑄造具有標準重量和形狀的合金（鑄幣），宣布其為「貨幣」，然後保障其價值。西元前 600 年，利底亞（Lydia，小亞細亞中西部一古國）的國王克羅伊斯（Kroisos）鑄造出最早的硬幣（見圖表 1-11），完成了改寫歷史的偉業。當時鑄造了刻有「8」字印記，和獅子圖像的標準化硬幣，統一且宣布了「規格、形態、標誌如斯的金屬具有某種特定量的價值」。

鑄幣可再回爐溶解成黃金、白銀、錫等具有使用價值的金屬，可是紙幣則完全不同，如果政府失去權威或者發行過多的紙幣，其價值會有急劇下降的危險。所以如果沒有中國元朝政府那樣強有力的政府，或者沒有像義大利銀行那樣發達的商業體系，紙幣（或者銀行券）很難全面普及。

▲圖表 1-11 利底亞於公元前 6 世紀早期發行的琥珀金金幣。

▶圖表 1-12 推定為西元前 500 年至前 490 年的紅彩陶器，上面有利底亞國王克羅伊斯畫像。

再回到我們的話題，不論克羅伊斯也好，羅馬皇帝也罷，這些絕對的掌權人物之所以不怕麻煩鑄造硬幣，是因為使用起來相當方便。舉個例子，假設有一個只生產 10 種不同商品的社會，如果沒有標準化的鑄幣，那麼交易的人們只能以價值相近的商品進行易貨交易（以物易物）。

一頭牛交換五匹棉布、一馬車的柴火交換兩大袋的穀物等。用 10 種不同商品可開展的易貨交易可達 45 種，但問題是易貨貿易並不是我們想像的那麼簡單，需要棉紗的人找到了擁有棉紗的人，但是他未必具有擁有棉紗的人所需要的商品。

有了鑄幣，交換過程就簡單了。如果能夠用鑄幣買賣商品，那麼只要給各個商品標上價格就可以了。想交易的人沒有必要努力使自己的需求和別人的需求一致。金屬貨幣的使用很自然的使商業得到了發展。

但是金屬貨幣有個關鍵性的問題，那就是供給數量不確定。15 世紀的歐洲就是典型案例。當時歐洲生產的黃金遠不能滿足需求。根據一些歷史學家的推測，1400 年歐洲自產的黃金產量不超過 4 噸，再加上因為東方貿易導致黃金持續的輸出，所以這樣的產量很難支撐經濟的正常運轉。

當貨幣供應不足時，人們在購買商品和服務方面就會盡量節約用錢，其結果就是物價下降。哥倫布、瓦斯科・達伽馬（Vasco da Gama）等無數冒險家歷盡艱辛繞過非洲好望角奔向亞洲，前進印度又橫渡大西洋，他們這些壯舉的背景，都是因為以黃金為首的貴金屬價格飆升。

1492 年，哥倫布開始航行之後卻出現了始料未及的情況。1500

年歐洲物價急劇上漲，經濟學家們稱之為「16 世紀的物價革命」。

　　當然歐洲物價並沒有以 1492 年為起點直接開始上漲，真正的物價上漲是在 16 世紀中葉。這次通貨膨脹和當時奧斯曼土耳其人的勢力增強，擋住了去往東方的貿易之路，以及 14、15 世紀使歐洲人口驟減的黑死病得到了控制、人口數量大增是分不開的；但「物價革命」的爆發，以及從新大陸引進、數量龐大的貴金屬，則有著更為直接的關係。

　　一般來講，物價上升時，與其相伴的是強勁的經濟發展勢頭和人口增加。當然，強勁的經濟發展勢頭對有所準備的人來說是一種福音，但對毫無防備的人來說有時可能會成為巨大的威脅。

　　但不可否認的是，從 16 世紀後半葉開始的通貨膨脹也成為了歐洲經濟開始發展的契機。首先是充足的貨幣供應，使成交困難的以物易物方式消失了，並出現了所謂的「貨幣幻想」，也就是說工資或所得的實際價值沒變，可是因為通貨膨脹的原因人們覺得自己的工資或所得增加了。

　　因為 15 世紀物價一直很穩定，加上部分地區通貨緊縮相當嚴重，所以突然發生的通貨膨脹誘發了大幅度的需求增加（見下頁圖表 1-13）。但是此時工業革命還沒開始，難以提供與之相應的供給。因此 16 世紀貴金屬的擴大供應，特別是以西班牙披索為代表的關鍵貨幣[7]（key currency）的供應，對經濟發展產生了積極的影響。

---

[7] 指國際間的結算或金融交易時採用的基本通貨。要履行作為關鍵貨幣的功能，發行國不應因戰爭等原因有存亡的風險，也必須具備能夠生產各種財物和服務的能力，貨幣價值穩定，並擁有發達的外匯市場和資本市場。

　　歐洲人能夠用它購買自己所喜愛的東方產品，例如胡椒、絲綢、瓷器等，這不僅對歐洲，也對全世界的經濟產生了巨大的影響。當時的歐洲人很想購買東方的產品，但亞洲人只對鐘錶感興趣，對其他歐洲生產出來的產品購買意願不高，這使交易很難進行。但 16 世紀開始這個問題得到了解決，從墨西哥出航的商船到中國用白銀交易，換回了瓷器或者絲綢。

　　在下一節我們將探討，這樣的環球交易網的出現引發了怎樣的金融革命。

圖表 1-13 **1209 年以後，英國物價指數的演變（2015 年＝1）**

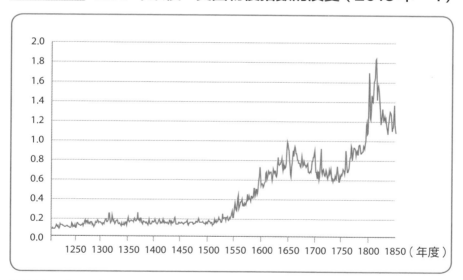

資料來源：美國聖路易斯聯邦儲備銀行。

人口增加，人均所得會減少；反之，人口減少，人均所得會增長。在這種「低增長」經濟條件下通貨膨脹是罕見的現象。特別是在經濟整體增長但漲幅微小的情況下，貴金屬供給不順暢的話會出現通貨緊縮，即貴金屬的價值上升和一般商品價格下跌的現象。

從這個角度來看，可以認為 16 世紀以來常態化的通貨膨脹，是經濟正在發生巨大變化的信號。

05 阿姆斯特丹銀行，荷蘭掌控世界經濟霸權的原因

　　得益於從美洲大陸大規模引進貴金屬而形成的環球交易網，歐洲出現了新的勢力。他們就是「資本主義制度」中的富商巨賈。

　　在地域經濟中，這些人在商品的流通環節扮演著重要的角色，傳統上他們被稱為「商人」，而在 16 世紀形成，在全球經濟體系內主導著遠端交易的人們，已經很難被歸入傳統意義上的商人範疇，因為這時他們已經帶有一種資本家的特性。

　　東亞和美洲成了他們遠端貿易的自由空間。他們的活動既可以擺脫國家和教會的干涉，也能收穫相當不錯的經濟效益。

　　1497 年至 1499 年，葡萄牙航海家瓦斯科‧達伽馬繞過好望角成功到達印度，他出發時率領了四艘商船，但回來的時候僅剩兩艘商船，可以想像船隊所經歷的航行之艱難。即便如此，他們還是給予了投資者相當於 60 倍投資金額的回報，足可見其利潤之高，令人垂涎。

　　名垂青史的商業金融大家族有義大利的斯特羅齊（Strozzi）、貢迪（Gondi），還有曾引領一個時代的德國大家族福格（Fugger）、韋爾瑟（Welser）等。福格家族透過在東歐開發礦產、與義大利進行貿易，以及和殖民地區進行商品交易等活動積累了巨大財富，而最後他們還把手伸向了金融業。

　　由此可見，幾乎所有能產生利潤的領域，這些商業大家族都有涉獵。但是在中世紀末想要進行大規模的商業活動，需要得到國家賦予的特權才有辦法。為此大商人們向政府提供借貸以獲得特權，其結果則是出現了政商緊密勾結的現象。

　　在這個過程中最具戲劇性的是義大利的梅迪奇（Medici）家族。梅迪奇家族從 14 世紀後半葉開始嶄露頭角，他們負責羅馬教皇的外匯交易，並以此為契機得到了快速的發展（教皇良十世〔Leo PP. X〕就是梅迪奇家族的一員）。

　　當時流通著金幣、銀幣、金屬鑄幣等多種貨幣，這給進行遠端交易的人和納稅業務帶來了很多困擾，而正是梅迪奇家族解決了教皇廳的這些麻煩。

　　梅迪奇家族特別重視的是匯票仲介業務。這裡提到的匯票是中世紀時期混亂的治安和難行的道路共同孕育出來的商品，是在非發行地的另一個場所，指示代理人支付給匯票持有人匯票所示金額的一種指令函。

▲ 圖表 1-14 義大利梅迪奇家族徽章。

　　例如，佛羅倫斯商人在法國東部香檳區的集市上購買當地商人的毛織品時，往往不用貨幣，而是用匯票支付貨款。此時，匯票的發行人是佛羅倫斯商人，收款人是由當地商人指定的、生活在另外一個城市的第三者。第三者則可在佛羅倫斯商人的代理人處領到貨款。以這種方式佛羅倫斯商人利用遍布於歐洲的代理人網路支付貨款，而香檳區的毛織物商人則向另外一個城市的債權人還了債。

　　匯票對商人們來說是非常便利的交易方式，這種方式消除了使用金幣或銀幣所需的運費和風險，而對從事國際貿易的大商人來說，還可以獲得匯率差所帶來的利潤，真可謂是一舉兩得的買賣。

　　特別要指出的是，當時的歐洲不僅是國王，連自治城市和共和國都獨自鑄造貨幣。相比於用貴金屬貨幣支付商品貨款，匯票的發行使債權、債務的處理更加便利。

　　但是這種匯票交易隱含著巨大的風險。因為貴金屬貨幣的流通在交易中越來越少，很自然導致頻繁的賒帳交易。在商業活動中信用交易和賒帳交易的比重越高，經商的風險也就越高。

　　為了解決這個問題，義大利的家族們研究出共同分擔風險的方法。但是這種風險分散方式只能克服商業過程中的困難而已，一旦發生重大的危機，就會出現大家一同破產的結果。如果發生類似黑死病流行，或者法國國王、英國國王破產等極端事件，其後果是不堪設想的。

　　那麼這個問題應該怎麼解決呢？如果出現一個能夠根據需求兌換各種貨幣，也能夠向急需資金的商人提供優惠匯票，且有信譽的金融機關，是不是就能夠解決這個問題呢？在歷史上第一個

實現這個想法的就是阿姆斯特丹市。當時的市政府發現，在荷蘭流通的各種不同的貨幣給商業活動帶來了很現實的麻煩，就推出了解決這一麻煩的對策——建立阿姆斯特丹銀行。

　　當時荷蘭和 14 個不同的造幣國有貿易往來，流通的外國貨幣規模也相當大。阿姆斯特丹銀行讓商人們開設標準化貨幣的帳戶，並實行了支票和自動轉款等今天看來很平常的業務。借助於這種體系，商業往來中實物鑄幣的使用大大減少。

▲圖表 1-15 建於 1609 年，阿姆斯特丹銀行所在的舊市政大樓。

但是當時的阿姆斯特丹銀行與現代意義上的銀行不同，因為其不具備貸款能力。銀行對不少人來說還是很陌生，也存在不知何時就會倒閉的風險。就算是政府成立的銀行，如果無法確信能夠隨時取回錢，人們是不會到那裡存款的。

所以阿姆斯特丹銀行並不把引入的存款用於資金運作，而是用來兌換成貴金屬，始終保持近乎

▲圖表 1-16 佛羅倫斯通用的金幣弗羅林。

100％的儲備金準備支付。1760 年，阿姆斯特丹銀行裡的存款有將近 1,900 萬弗羅林（按：Florin，1252 年至 1533 年間鑄造的一種金幣），而作為儲備金的貴金屬已經超過了 1,600 萬弗羅林。阿姆斯特丹銀行的現金儲備非常充足，不管是什麼原因，哪怕是銀行所有儲戶同時要求提款，阿姆斯特丹銀行也有能力支付（見下頁圖表 1-17）。

阿姆斯特丹銀行雖然不具備貸款能力，但是這個國家建立的銀行為商業活動提供了極大的便利。對商人們來說，自己的帳戶在「不會倒閉」的國有銀行，可以運用它自由的進行商業活動，還可以在值得信賴的條件下兌換多種貨幣。

所有這些優勢都足以壓倒其他競爭國家。如果說梅迪奇家族是利用與教皇的關係和廣布的分支網點而風靡一時，那麼阿姆斯特丹銀行就是用創建「體系」的方式，把銀行業提升到了更高的層次。而 17 世紀的荷蘭能掌控世界經濟霸權，和這些金融改革是

分不開的。

　　在下一節中，我們再來看看英國是如何追趕荷蘭的。

圖表 1-17 阿姆斯特丹銀行成立前後荷蘭人均收入演變

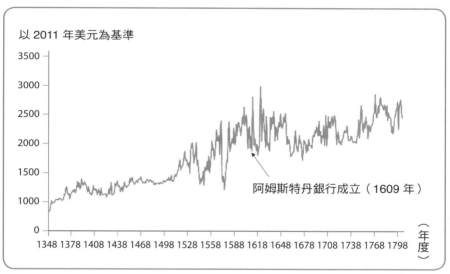

資料來源：〈麥迪遜計畫：關於歷史國民核算的合作研究〉（*The Maddison Project: research on historical national accounts*）。
馬爾薩斯陷阱（Malthus Trap），指的是對於人均生產效益年增長率達不到 0.1% 的近代社會，人口的增加就等於是詛咒。因為在有限的土地上人口的增加就等於是人均所得的減少。
但是 15 世紀以後，荷蘭的人均收入在拿破崙戰爭之前並沒有太大的減少。可以認為是農業生產效益提升、海外市場開拓，還有金融體系的革新造就了這樣奇蹟般的結果。

06 信心、信譽與金融危機

　　在上一節我們談到阿姆斯特丹銀行時，有說過它「不具備貸款能力」，而銀行之所以沒有貸款能力，是因為受其制度的限制。小時候我曾興致勃勃的讀過《瑪麗・包萍》（*Mary Poppins*），裡面有下列情節。

　　僱用魔法保姆的班克斯（Banks），如同名字一樣，他本身就是銀行家，在一間投資銀行工作。

　　有一天，他把孩子們帶到了銀行，銀行老闆強行讓班克斯的兒子麥克存款 2 便士，可是年幼的麥克想用這 2 便士買食物餵銀行外面的鴿子，麥克一個勁的喊著：「還我！還我錢！」接著銀行裡正在辦業務的顧客們聽到了麥克的喊聲，開始取出存款。

　　馬上就有越來越多的人開始提取存款，銀行最終不得不中止辦理提款。不出意料，班克斯被解僱了。被解僱的班克斯無奈的慨嘆：「在人生顛峰期竟發生了如此荒誕的事情。」

　　這個小故事告訴我們，對銀行的信賴度低時，腦中揮之不去的「也許屆時提不出存款」的恐懼始終伴隨著人們。當時沒有「存款保險制度」，如果人們同時提出存款，銀行很可能陷入「無力支付」的狀況。這種現象俗稱「銀行擠兌」（bank run）。

　　我也在 2010 至 2012 年間，韓國儲蓄銀行進行結構調整時，

目睹過客戶為了提出自己的銀行存款排成長龍的情形。如果這種恐懼無法得到緩解，銀行就只能始終處在不穩定的狀態。

　　1659 年瑞典政府設立的瑞典中央銀行（Sveriges riksbank）在一定程度上解決了這一難題。這家銀行發揮著和阿姆斯特丹銀行一樣的功能，同時也積極開展貸款活動，其活躍程度並不亞於商業結算。他們放貸的額度已經超過了他們擁有的儲備金。之所以敢於這麼做是因為他們堅信，只要銀行積累足夠的信譽，存款客戶們同時來提款的機率是非常低的。

　　瑞典中央銀行的改革種子，也在英國中央銀行英格蘭銀行（Governor and Company of the Bank of England）綻放成了美麗的花朵。靠著光榮革命登上國王寶座的威廉三世在 1694 年批准成立英格蘭銀行。英格蘭銀行成立之時，以給政府貸款為條件獲得了貨幣發行權（可供參考的是，英格蘭銀行的股東也是當時精細加工黃金的企業主）。

　　這是一個很有價值的特權。雖然發行銀行券對銀行來說也許是負債，但是利息為零，而且如果不用完全以黃金和白銀支付所發行的銀行券的話，就會有很大的鑄造差價。

　　隨著時間的推移，英格蘭銀行因和政府的緊密關係，許可權變得越來越大，到了 1844 年，其根據《1844 年銀行特許狀法令》（Bank Charter Act 1844，也稱為《皮爾條例》）的銀行法，獨占了銀行券的發行，成為了名副其實的中央銀行。

　　英國政府將已經發行的國債換成英格蘭銀行的股份，這等於把政府的負債轉嫁給了英格蘭銀行。英格蘭銀行則用發行等值銀行券（見下頁圖表 1-18）的方式賺取差價，發給股份持有者紅利，

同時給英國政府提供貸款，從中得到利息差。

如下頁圖表 1-19 所示，英格蘭銀行的資產占 GDP 的比重在 1730 年已經超過了 20%。英國政府定期發行國債，籌集低利率的資金；如果市場利率急劇上升，或者債券發行不如意時，則轉向英格蘭銀行借貸，如此很容易就能籌措到資金。

當然，如果英國政府不償還英格蘭銀行的貸款，或者英格蘭銀行不能把銀行券及時兌換成黃金，所累積的信譽就會瞬間崩塌。但是相比其他的歐洲國家，英國的稅收體系是很健全的。

在伊莉莎白一世（Elizabeth I）統治期間（1558 年至 1603 年），王室的收入從沒有超過國民生產毛額的 2%，但在光榮革命之後（1688 年），英國政府的稅金收入急劇增加了。政府總支出占國民生產毛額的比例，從 1680 年代中葉的不到 4%，增加至 18 世紀戰爭期間的 17% ～ 20%。

然而自 18 世紀末開始，持續不斷的拿破崙戰爭使英格蘭銀行也經歷了一段艱難時期。從拿破崙掌控歐洲以來，英國的黃金價

◀ 圖表 1-18 1876 年 1 月 25 日英格蘭銀行發行的銀行券。

格不斷上升。光榮革命以後掌權的威廉三世和他的政府，規定了英鎊（銀行券）和黃金的交易比例，不過即使這樣，也無法控制金價上升所導致民眾對金融體系日益高漲的不信任情緒。

　　但是正如我們在本章第一節提到的，納爾遜司令和威靈頓公爵帶來的決定性勝利，使英格蘭銀行發行的銀行券價值重新得到了穩定。

　　在這裡可能會有讀者提出疑問，為什麼曾經稱霸歐洲，而且在地理上比英國更接近荷蘭的法國未能造就中央銀行系統，反而淪落為「失敗者」？在下一節我們將探討這個問題。

圖表 1-19 英格蘭銀行資產占 GDP 比重的演變

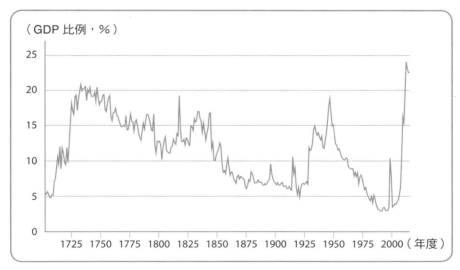

資料來源：美國聖路易斯聯邦儲備銀行。
銀行的資產大部分是由貸款利息構成的。中央銀行本身也是這樣，除了對銀行的一部分貸款利息以外，對政府的貸款利息占大部分。由此可見，在戰爭頻發的時期，英格蘭銀行資產猛增是因為政府為籌措戰爭資金擴大了貸款規模。

07 千年老二法國，輸在「財政戰爭」

　　世界著名的金融歷史學者查爾斯・金德伯格（Charles P. Kindleberger），在說明世界主要強國是如何得而復失其霸權時，曾稱法國是「永遠的挑戰者」。擁有眾多人口和廣袤國土，以及強而有力軍隊的法國，沒有一次站立在世界史的中心過，所以他可能覺得這樣來指稱法國最為合適。

　　說來也不奇怪，因為 16 世紀西班牙占據霸權國家之位，17 世紀荷蘭以阿姆斯特丹銀行和東印度公司為利器稱霸世界海洋，18、19 世紀英國則憑藉無敵艦隊建立了「日不落帝國」，而法國則始終留在「千年老二」的位子上。

　　為什麼法國始終擺脫不了當老二的命運？當然這其中有諸多因素，而最大的原因就是沒有錢，且信譽掃地。法國王室在 1559 年、1598 年、1634 年、1648 年、1661 年、1698 年、1714 年、1721 年、1759 年、1770 年、1788 年皆有不履行債務的紀錄。

　　法國國王路易十六（Louis XVI）召集了後來成為 1789 年法國大革命導火線的三級會議[8]，也是為了解決財政困境以避免履行債務。當然並非所有法國國王都為了強占富商巨賈們的財產，如同家常便飯般不履行債務。一再的不履行債務，會導致的不僅是利息的上升，而且是澈底的借貸無門。

　　據大革命前夜發行的《1788 年財政報告書》所載，法國王室的支出是 6.3 億里弗爾（按：Livre，法國的古代貨幣單位名稱之一），而收入為 5.03 億里弗爾，其赤字竟達到收入的 20％左右，出現高額赤字的主要原因是要支付龐大的債務利息。當時所需支付的利息大約是 3.2 億里弗爾，約占整個預算支出的一半。

　　法國王室被巨額的債務纏身的根源在於「戰爭」。特別是法國參與美國的獨立戰爭（1775 年至 1783 年），幾乎花掉了 20 億里弗爾，這直接導致在 1789 年大革命前夕，貨幣總量只有 25 億里弗爾的法國王室，負債卻高達 50 億里弗爾。

　　即使這樣，政府也不能為了填補債務而多收賦稅。據歷史學家推測，當時法國國民的稅金占收入比在 1683 年已經達到 31％，而 1789 年竟飆升到 38％～ 40％。雪上加霜的是特權階層根本不繳納稅金，而勞苦大眾的賦稅卻居高不下，再繼續增加賦稅實在是強人所難。

　　特別是在 1679 年，法國對活躍在工商業界並起核心作用的胡格諾新教徒（Huguenot），課以歧視性的重稅，還廢止了 1685 年頒發、賦予宗教自由的《南特敕令》，使近兩百萬左右的胡格諾新教徒離開了法國，令經濟活力大大降低。

---

8 法國三級會議由神職人員、貴族和平民代表組成，是國王的諮詢機構。但是在三級會議內部經常發生平民代表和保守的貴族代表之間的對立。在整個 16 世紀，三級會議召開的次數比較少，1614 年賣官制被廢止，此後的 170 年三級會議一次也沒有召開。但是到了 1789 年 5 月，因嚴重的財政問題而苦惱的路易十六召開了久違的三級會議，可在會議上因為討論方式和投票方式產生了嚴重的意見對立，這也成了法國大革命的導火線。

在這種情況下法國王室所能採取的對策只有兩個。其一是召集三級會議，課稅於特權階層。其二是成立一個像英格蘭銀行一樣能借錢給政府的中央銀行。前者毫無懸念的遭到貴族和聖職者們的強烈反對，最後只好視成立中央銀行為解決辦法了。

這個時候出現了一個人，他就是來自蘇格蘭的騙子約翰‧羅（John Law）。約翰‧羅出身於黃金精細加工產業的家庭，因決鬥殺了人，逃跑到歐洲大陸，遇到了路易十五的攝政王奧爾良公爵菲利普二世（Philippe II, Duke of Orléans），當上了中央銀行掌管實務的主管。

約翰‧羅的設想在當時是很新穎的。他想成立一個王室組建的銀行，由政府獨占貨幣的發行。它的本質是把英國英格蘭銀行循序漸進的擴張過程加以縮短，並在短時期內完成。

▲ **圖表 1-20** 蘇格蘭的經濟學家約翰‧羅。

可是法國王室有數次宣告破產並停止支付利息的惡名，即使成立中央銀行發行紙幣，也難以保證其能在民間順利流通。為了解決這個問題，約翰·羅提出了一個「錦囊妙計」：成立密西西比公司。

密西西比公司將獨占法國所有的海上商業權利，並在1720年和王室銀行合併，組成中央銀行。簡而言之，前途無量的密西西比公司就是中央銀行，所以中央銀行發行的紙幣具有和黃金一樣的價值。

剛開始一切都很順利。法國政府印刷的貨幣一筆勾銷了政府的負債，而隨著密西西比公司股價的急劇上升（見圖表1-21），

圖表 1-21 1720 年前後密西西比公司的股價走勢圖

資料來源：美國聖路易斯聯邦儲備銀行。

法國老百姓開始幻想著「玫瑰色的未來」。1719 年至 1720 年，密西西比公司的股價從 3,000 里弗爾暴漲到 1 萬里弗爾，但是「股票博弈」的結局都是相似的，最好的結局是同業者們一起共進共退，可是總會出現先於別人大舉拋盤、然後套現離場的背信棄義者。

出乎意料的是，這第一個叛徒卻是以奧爾良公爵為首的法國王室成員們。崩盤幾乎是瞬間的事情。到了 1720 年夏天，密西西比公司的股價跌到 3,000 里弗爾以下，之後連交易也中斷了。

1720 年末，奧爾良公爵解除了約翰・羅的銀行行長職務，法國雄心勃勃想成立中央銀行的計畫流產了。當然，法國國王可以一邊拋售密西西比公司的股份，一邊刺激通貨膨脹，以此實質性的減輕債務負擔，可是法國的國民就損失慘重了，他們開始對國家主導的銀行和紙幣產生強烈的不信任感。

因此，法國在 16 世紀以後，始終未能躋身強國的關鍵性因素是「財政戰爭」的失敗。法國大革命以後掌握最高權力的拿破崙拋售教會擁有的資產，引進新的貨幣，同時也加強力度壓榨荷蘭和義大利的納稅人，但是法國的國債利率始終沒有跌到 6% 以下。

在 19 世紀初，法國長期公債的平均利率始終比英國國債高 2% 以上。結果就是導致法國軍隊在歐洲全域因掠奪而臭名遠揚，而被征服的國家也在持續的反抗，所有這些都和「不穩健的財政」有著密不可分的關係。

工業革命以前的歐洲故事就談到這裡，接下來讓我們把視線轉向同時期的東亞。

08 利率高的國家往往不是最佳投資選擇

　　觀察西班牙、法國還有荷蘭等諸多歐洲國家的歷史，我們可以得到一個啟示：荷蘭和英國等人口並不多的國家之所以能夠掌握霸權，其最重要的原因就是贏得了國民的信任，從而能夠從國民那裡籌措到低利率的資金。

　　在這裡可能會有人提問，英國的存款人和債券投資者們的情況又是如何？

　　讀完前文的讀者會知道，英國存款人的日子是很幸福的，因為他們堅信存到銀行的錢，或者買入的政府國債幾乎沒有打水漂的可能。

　　當對自己所持有的銀行存款、債券等財產的追索權有安全保障時，即使利率偏低人們也會選擇接受。但是如果人們對自己所持有的債券，有著連本金都可能失去的恐懼心理，銀行客戶是不會對低利率滿意的。這時候就會出現風險溢價。

　　從下頁圖表 1-22 中可以發現，美國公司債（BBB 級）的附加利息每逢經濟不景氣時會急劇上升。作為參考，公司債有從信用度最高的 AAA 級到已經破產的債權 CCC 級等幾種等級。

　　BBB 級是信用評價機構做出的信用評級，在債券等級中相當於「警戒」的級別，這是因為信用評價機構把 BBB 一級以上的級

別（含 BBB －級）稱為「適合投資的級別」。

也就是說，級別在 BBB －級以下的公司，例如 BB 等級或者 B 級的公司發行的債券則被稱為「不適合投資」或者「投機級別」的債券。顯而易見，信用等級越低的公司，在遇到經濟不景氣時，倒閉的可能性就越大，所以公司債的人氣也會越低。在這種情況下公司如果不提高利息，是賣不出債券的。

18 世紀法國和西班牙政府之所以發行高利率債券，其原因就

圖表1-22 **美國公司債附加利息（BBB 級）演變**

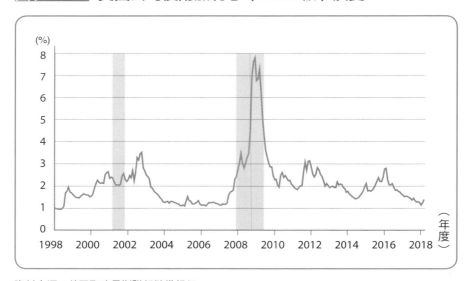

資料來源：美國聖路易斯聯邦儲備銀行。
注：陰影部分是美國全國經濟研究所（NBER）判定的經濟疲軟時期。
在國際金融市場不存在「支票債券」，但是一個國家政府發行的國債是評價其他債券利息的基準。公司債（BBB 級）的附加利息能顯示出它比同時期的國債高出多少利息，附加利息的變化最能準確的反映投資者們的心態。參與投資者們的憂慮是，附加利息高的時候經濟會疲軟，因而不能支付本金和利息的企業會增加。

在於此。雖然沒有評定信用等級，但是考慮到曾經頻繁的發生過財政危機這一點，就和信用度低的公司債毫無二致。

國家或者個人信用度低的時候，利率就會上升，所以越是利率高的國家（或是企業及個人），其不確定性也越高，表示其資本市場也越不發達。

這種現象最為明顯的例子就是近現代的朝鮮社會。韓國慶尚道慶州的大家族，借給周邊的熟人或者佃戶的利息從 17 世紀末到 1910 年一直維持在 50％。在全羅道永岩，利息在 1740 年是 40％，在 18 世紀末是 30％，在 19 世紀中葉則為 35％～ 40％。

利息偏高的原因並不是朝鮮人有著借錢不還的惡習，而是因為資本儲蓄艱難，很少有人借貸給別人，再加上近代化的社會結構還沒有形成，無法制裁背債逃遁的人。

這一點和西班牙及法國王室也相似。這些國家的國王們因本國的儲備不足，就向外國的銀行家借錢，然後頻繁宣告破產，可即使這樣對方也無法制裁他們，所以附加利息越來越高。

這樣的啟示如果活用到投資領域，投資者就會知道高利率都是有原因的。也就是說，土耳其、巴西等這些國家發行的國債，以及韓國的一些信用等級較低的企業發行的公司債，它們的利息都偏高，正是因為如此。

當然，在經濟發展強勁時，選擇高利率債券進行投資的人會增加，這種債券的人氣也會開始上升；可是若遇到像 2000 年和 2008 年，經濟狀況嚴重惡化的時候，請各位讀者切記，它們有可能成為銀行第一個回收資金的對象。

2

自給自足莊園經濟，弱了漢；稅收政策，強了清

01 明朝倭寇猖獗，其實很多都是中國人

　　西班牙人征服了美洲大陸，發了一大筆橫財，但是這並沒有改變歐洲人和美洲人的生活。受到更大影響的，是以中國和日本為中心的東亞社會。

　　1492 年，在哥倫布發現新大陸之前，中國明朝已經開始用銀元替代各式各樣的鑄幣，這就是萬曆帝（1573 年至 1620 年在位）執政初期，著名宰相張居正（見下頁圖表 2-1）果斷實行的「一條鞭法」。

　　張居正實行這項改革的核心是，把各種賦稅都統一為土地稅，並一併以銀元收取。隨著所有稅目都變成了單一的土地稅，全國範圍的土地調查也隨之而來了。此次土地調查查到了地方統治階層為了不交土地稅而隱匿的大量土地，朝廷便將他們全部劃為課稅對象，使得國家的財政狀況開始有了很大的好轉。

　　明朝從嘉靖年間（1522 年至 1567 年）開始陷入了持續不斷的戰爭泥沼，所以稅收改革成了當務之急。在這裡需要些許補充的是，宋朝和明朝等漢族建立的國家政權，始終苦於外部勢力的侵略。與其說是這些朝代的國力贏弱，不如說是周邊民族強大的騎兵和快速的艦隊令人防不勝防。

　　嘉靖帝執政期間，明朝經歷了中國歷史上最野蠻殘暴的倭寇

▲ **圖表 2-1** 施行「一條鞭法」
的明朝政治家張居正。

掠奪，史稱「嘉靖倭亂」。

　　為什麼倭寇的侵略和掠奪偏偏集中在這個時期？對此的爭論持續了很長時間。最近發表的研究結果表明，在這個時期海盜的名稱雖為「倭寇」，但大部分成員並不是日本人，而是中國商人。

　　曾擁有數百艘船隻和十萬多名船員的「海盜王」汪直，其實是中國人，而他稱自己為「海商」。因此，「嘉靖倭亂」與其說是日本人的侵略，不如說它是中國人之間的問題。

　　那麼為什麼這些人會以自己的國家為目標進行大肆掠奪呢？其原因就在於明朝的政策變更。中國有著鼓勵貿易活動的傳統，受益於此，中國在 7 世紀以後和朝鮮、日本等亞洲國家，以及阿拉伯國家之間的海上貿易非常興旺，然而朱元璋（1368 年至 1398

年在位）在建立明朝以後，立即採取了海禁的政策。

不過鎖國只是明朝的對外言論而已，其海洋貿易在官方默許下始終未斷。特別值得一提的是，明成祖在位期間（1403 年至1424 年），透過幾次組織鄭和下西洋，實際上進行了規模相當大的海外貿易活動。可是到了嘉靖年間，明朝就開始嚴格執行海禁政策，摧毀了數百艘商船並處死走私的商人。

對於嘉靖帝突然嚴格控制走私貿易的原因目前有諸多的說法，其中最有說服力的一種是，西方勢力在中國南海的出現引起了他的高度警惕。

葡萄牙艦隊在南海做出大規模的海盜行徑，再加上日本戰國時代[1]地方領主們逼迫中國自由貿易的事件（見下頁圖表 2-2），這些都使原本就主張全面控制海外貿易的人們變得更為堅決，其主張也開始更占上風。

海禁政策實行以後，走私貿易萎縮了一段時間，但明朝政府卻無法繼續壓制。一方面是以葡萄牙為首的海外勢力幾近狂熱的渴求中國產品，另一方面是對中國的貿易商來說，他們從事幾十年、甚至幾百年的生意被封死了，沒有了生路，只得鋌而走險當海盜，由此整個中國東南海岸完全失去了控制。明朝的戚繼光用自己嶄新的戰術在一定程度上遏制了猖獗的倭寇，但是無法從根本上解決問題。

---

[1] 日本從 15 世紀後半葉到 16 世紀後半葉是群雄割據、戰亂不斷時期。這個時期地方長官、豪族等擴大了自己的勢力範圍，在日本各地建立了地方政權。地方政權之間發生的政治、經濟問題大都用武力方式解決。一般認為從 1467 年，以「應仁之亂」為開端的群雄割據，到 1590 年豐臣秀吉統一日本的時期為戰國時代。

　　其結果是，在嘉靖帝駕崩後，於 1567 年登基的明穆宗（1567
年至 1572 年在位）開放了福建省的漳州港，同時允許從事海外貿
易的中國人回國，而地方政府允許葡萄牙人租借澳門也成了一個
轉捩點，倭寇襲擊的次數明顯減少了。

　　但是因為倭寇的蹂躪，肥沃的江南地區變得滿目瘡痍，哀鴻
遍野，北方的形勢也越來越險惡，明朝的財政負擔已經到了難以
承受的地步。

圖表 2-2 1370 年至 1640 年倭寇侵犯中國的次數

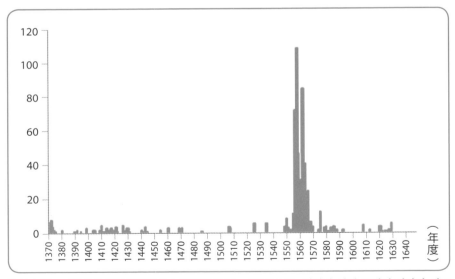

資料來源：〈明代的貿易壓制和日本時代的爆發〉（바다소리, 명나라 시기 무역의 억압과 왜구
의 창궐）（2018.6）。
明朝的中國深受「北虜南倭」之苦。北方的騎馬民族一遇到氣候異常遭受飢餓時，就侵犯南方
的農耕民族，實施掠奪，解決危機；而南方的靠海民族則在他們的通商要求得不到滿足時，就
搖身一變成為倭寇。特別值得一提的是，最近有分析指出，13 至 14 世紀的倭寇入侵是以日本
等海洋民族為主導，而 16 世紀中葉的第二次倭寇入侵，則是由那些失去貿易機會的中國人的
積極參與造成的。

　　張居正的改革正是在此時完成的。他一方面把各種稅目統一成土地稅，另一方面要求用銀元替代穀物繳納稅賦。像山西省這樣的北方地區有戰事時，把南方收來的大米換成銀元或者黃金，然後再支付給北方地區的商人，這樣不僅會產生重複的費用，效率也很低。進行改革之後，發達的貨幣經濟也讓賦稅的繳納變得非常便利。

　　但是這個制度並不完美。正如第一章中提到 15 世紀歐洲黃金供給不足的例子，在使用貴金屬貨幣時最關鍵的就是要穩定貨幣的供應。一旦因為白銀不足而產生問題，就會有發生通貨緊縮的危險。

　　也就是說，隨著錢的價值上升，儲蓄傾向也水漲船高，而這有可能引發嚴重的通貨緊縮。當然，如果有中央銀行的話，就可以即刻採取下調利率等振興經濟的措施，但遺憾的是，在荷蘭的阿姆斯特丹銀行成立之前，全世界沒有一個能起這種作用的中央銀行。

02 美洲大陸的白銀，推動了一條鞭法

　　研究歷史時往往有人由衷的感嘆：「這真是命運啊！」16 世紀中國和西班牙的相遇就是這樣。當中國因果斷實行歷史性改革「一條鞭法」，卻苦於銀幣不足時，西班牙人正好在墨西哥和秘魯發現了銀礦。

　　西班牙的大艦隊從墨西哥出發經菲律賓到達中國以後，在購買瓷器和絲綢時使用銀幣支付貨款，如此一來中國的貴金屬短缺問題就得到了解決。一些歷史學家甚至認為，從美洲進入歐洲的白銀大部分都轉移到了中國，可想而知，進入中國的白銀數目之龐大。

　　這裡可能有人會問，中國產的商品在歐洲是很受歡迎，但是還沒到要把大部分美洲產的白銀都投入到中國以滿足歐洲人需求的程度吧？

　　對此歷史學家們認為，應該關注的是黃金和白銀的兌換比率。簡言之，相比其他地區，白銀在中國的價值是偏高的。如下頁圖表 2-3 所示，16 世紀黃金和白銀的兌換比率在歐洲大致是 1：12，而在中國則是 1：6。

　　也就是說銀的價值在中國比在歐洲高一倍，所以對歐洲人來說，只要把白銀運到中國就能淨賺一大筆。

　　產生這種現象的原因有兩個，一是美洲大陸薩卡特卡斯和波托西，兩個史上最大規模的銀礦脈的發現；二是當時東亞地區黃金的產量比其他地區高。最為典型的例子就是日本的佐渡金山，據眾多的史料記載，當時其黃金的年產量竟已達到了 6 萬至 9 萬公斤。

　　當然，隨著白銀從歐洲大舉進入中國，黃金和白銀的兌換比率差也開始越來越小，但是在蒸汽船被發明出來之前，因為運輸所需的時間和費用的原因，兌換比率差仍然存在（見圖表 2-3）。

　　在 19 世紀電報開通前，近現代社會的資訊相對閉塞，這點從相隔大西洋兩大陸的棉花價格上可以看出來。

圖表 2-3 中國和西班牙的金銀兌換比率（1 單位黃金可兌換白銀的量）

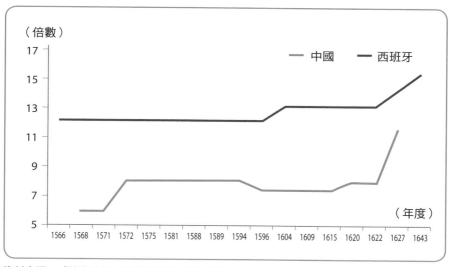

資料來源：《航海時代：海洋擴張與現代世界的形成》（대항해시대：해상 팽창과 근대 세계의 형성）。

美國紐約港的棉花出口商，對處於棉紡織業核心地區的英國利物浦市場相當敏感，但是他們對利物浦的行情一無所知，只能在紐約港等待蒸汽船帶來利物浦新聞的報紙，然而寫有價格資訊的報紙，要在大西洋航行 7 至 15 天才能到達紐約港，按通常的定價原則，利物浦的棉花價格應該是紐約的棉花價格加上運輸費用，可在實際操作中往往出現離譜的定價。

直到 1858 年 8 月 5 日，橫跨大西洋的海底通信電纜鋪設後，兩地的棉花行情才得以即時傳送，由此，兩地市場的差價迅速變小，並維持了穩定態勢。

生活在現代社會的我們，可能很難理解中國和歐洲的金銀兌換比率差距之大，但是一定可以理解，在沒有電話和網際網路的年代，信息是非常珍貴的「資產」。在下一節中，我們將以更為久遠的時代為背景，觀察一下黃金和白銀等貴金屬的進入和輸出，給中國歷史帶來的影響。

03 莊園經濟使漢朝開始了 500 年的下坡路

　　《三國演義》在韓國、甚至東亞各國的巨大影響是不言而喻的。漢末因宦官和外戚的專橫，國家政治一片混亂，黃巾農民起義開啟了「亂世」，在此背景下覬覦天下霸權的曹操、孫權、劉備時而合作，時而爭鬥的過程使眾多讀者熱血澎湃。

　　可是似乎很少有讀者對三國時代結束後的歷史抱有興趣。當然，對此多少可以理解為，故事的主人公劉備、關羽、張飛三兄弟依次離開人世，剩下諸葛孔明獨自竭盡全力以保蜀國，可是蜀國和強國魏國的差距還是越來越大，最後其殞命北伐，讀到這裡不少人都會黯然神傷。

　　後來就是晉統一中國，五胡亂華，長江以北被人強占，中原漢族倉皇逃離、苟延殘喘等過程而已。相比三國時期群雄逐鹿中原，讀者變得興趣索然是可以理解的。

　　在這裡可能有人會問，三國時期相互交戰時動用的兵力，少則數萬，多則數十萬，當時的軍事力量是如此的強盛，可統一了三國的晉為什麼會莫名其妙就被北方民族打垮了？

　　歷史學家們認為，分封地方的王族為繼位問題發動叛亂的「八王之亂」使國家處於分裂狀態，以及登基的皇帝們個個無能，這些都是晉朝敗亡的原因。但當真如此嗎？

除了清朝，中國歷代王朝因皇帝昏庸無能而滅亡的例子比比皆是，可是為什麼唯獨自晉朝開始，一直到唐朝之前的這一時期，漢族建立的王朝總是被外族欺凌？

當然這其中存在各種原因，但首要的原因應數「軍事改革」。北方民族借助於新發明的、強有力的新式武器——馬鐙（見圖表2-4），**使重騎兵在戰場上有了壓倒性的優勢。**

這裡所說的馬鐙是和馬鞍連在一起的腳鐙子。馬鐙使人在上下馬和在馬背上時得以保持平衡，是很實用的發明。在馬鐙發明以前，騎兵的主要武器是弓弩，騎兵的戰術一般是用弓箭進攻敵方，然後退後；馬鐙發明以後，騎兵的戰術變成使用長槍的突擊戰法。

如果考慮到8世紀左右馬鐙傳到西方之後，西方世界才真正開啟了中世紀時代，那麼由此下結論「因為有了馬鐙，北方游牧民族才占了優勢」，似乎也不無道理。

然而在中國的歷史文獻裡，首次出現有關馬鐙的記載是西元477年，所以在三國時期（西元3世紀初）北方民族似乎也沒有軍事上的優勢。事實上，曹操只派遣少數的遠征部隊就打垮了鮮卑

▲圖表 2-4 當時北方民族強有力的新式武器——馬鐙。

族。那麼是什麼給北方民族帶來了優勢？

　　為了戰勝游牧民族，農耕民族得採取「敗於戰鬥而贏在戰爭」的方式，即要在人數上占壓倒性的優勢。

　　要想建立大城市並長期居住，就需要具備先進的生產力，積極利用這些特點和游牧民族展開持久戰，可以說是必勝的祕訣。游牧民族不會種田，所以如果沒有農耕民族生產的糧食和鐵器，便會直接威脅他們的生存。

　　事實上西漢初期的漢武帝（西元前 140 年至前 87 年在位）擁有強大的軍事力量，國庫裡糧食和貴金屬十分充足。憑藉巨大的財力，他在歷史上留下不少濃墨重彩的壯舉，如征服朝鮮、派張騫出使西域[2]等。

　　漢武帝名留青史很大程度上是因為其善於征戰，他如此熱衷於和西域國家進行貿易，主要就是為了得到汗血寶馬（按：中亞出產的一種良駒，山地馬種、抗疲勞，蹄堅硬，甚至可以「日行千里」，亦稱天馬），以便防範北方的匈奴。

　　當然，即使沒有這些馬，征服北方民族也是完全有可能的事情。切斷和匈奴的往來，完全停止供應糧食和鐵器，以萬里長城為主加強各地要塞的防禦，也許需要的時間長一些，不過照此堅持下去，匈奴是必亡無疑的。

　　但是漢武帝的願望是在位時就解決掉匈奴問題。所以，他透

---

[2] 西元前 139 年，漢武帝為了和伊犁河流域的大月氏國結盟共同抗擊匈奴，派遣張騫到大月氏國。但是大月氏無意擊打匈奴，拒絕結盟。漢武帝在西元前 119 年再次派遣張騫到伊犁地區的烏孫，這次張騫帶回來了來自西域諸國的商隊。而因張騫的西域之行，西方的產品開始進入中國，由此東西方的貿易和文化往來得到了發展。

過開拓絲綢之路培育了騎軍，在西元前119年成功將匈奴趕到了戈壁沙漠之外。

把強敵匈奴遠遠的驅趕到戈壁沙漠之外雖是值得稱道的功績，可是從那之後，漢朝便開始走向漫長的下坡路。

為了改善因長期戰事導致的國家財政緊縮，朝廷開始對鹽和各種生活必需品課以重稅，令商業活動受到嚴重打擊，這是漢朝開始走下坡路的直接原因；而為了引進以馬匹為主的大量物品，向西域輸出大量貴金屬則是更關鍵的因素。

漢朝時期一斤黃金相當於1萬個銅錢，黃金和銅的兌換比率是1：130。和現在相比，當時黃金的價格是驚人的低廉，不過在中國和西方通商以後，黃金的價格也開始持續攀升。

貨幣供應（貴金屬供應）一旦減少，就會對整體經濟造成負面影響。就像前文中提到的15世紀歐洲一樣，貨幣供給開始減少時，最為通用的應對方法是減少貨幣的使用，而減少貨幣使用最簡單的方法就是自給自足。

事實上，「莊園文化」從東漢開始一直延續到南北朝時代。所謂「莊園文化」就是指富裕的貴族們大規模開墾土地，然後利用飢餓難耐、無處安身的百姓在農場勞作，建造一種自給自足的生活圈。

這在當時是非常合乎常理的事情，但是從經濟的角度看這種做法，則非常低效。經濟學家亞當·斯密（Adam Smith）在《國富論》（*The Wealth of Nations*）中指出，分工和交換才是快速提高生產率的首選方法。在這裡引用一下書中製針工廠的案例。

若一名勞動者不借助機器、純手工作業，一天最多只能生產

一根針，但假如將製針的過程分為 18 個工序、10 個人分工製作的話，一天則可以生產 4.8 萬根針。

　　而如果要把針的生產規模化，進行分工製作，則必須有一個每月能夠銷售 140 萬根針的市場。所以只有形成大規模的市場，才能開啟靠專業化提高生產效率，並以此獲得巨大利潤的收益遞增世界。

　　亞當・斯密的文章裡也說得很明確，城市萎縮、市場消失，改革也會隨之消失。透過分工等改革提高生產效率，才能夠製造出品質優良的產品，但是如果沒有與之匹配的市場，改革的幼苗就不會發芽成長。

　　《三國演義》中經常會出現劉備、孫權等豪傑們受到地方權貴資金和兵力支援的情節，其實後者就是莊園的所有者。他們經常率領著由家僕組成的私人部隊，即「部曲」，作為部隊的將領參加戰鬥。

　　相比變得脆弱的經濟，更為嚴重的問題是人口數量的急劇下降。在黃巾起義（184 年）之後，中國的人口數量急速下降，由三國初期的 6,000 萬急減到三國末期的 1,600 萬。雖然這個數字不包含藏匿在莊園裡面的人，但這同時也反映了政府行政能力的薄弱。

　　結果晉朝雖然統一了三國，但經濟不景氣的形勢卻一直在延續，脆弱的經濟和減少的人口，使覬覦多時的北方游牧民族有了機會。

　　強大的經濟實力對農耕民族的國家來說是最大的優勢，但是這個優勢被莊園經濟的出現給摧毀了，國家失去了抵禦北方游牧民族攻擊的能力。可以說，古代中國的國力在漢武帝時一度達到

顛峰，從那之後到南北朝開始前大約 500 年間，一直在走漫長的
下坡路（見圖表 2-5）。

　　總之，可能的原因有很多種，但是漢武帝之後漢朝的貨幣經
濟逐漸萎縮，並倒退到自給自足的莊園經濟狀態，這卻是千真萬
確的。

　　下一節我們來探討一下，借力於歐洲航海時代的開啟，中國
引進了規模龐大的貴金屬，可是明朝卻還是難免滅亡的命運，這
又是為什麼？

圖表 2-5 中國歷代的經濟狀況圖

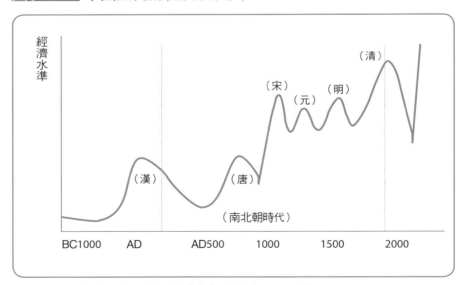

資料來源：《宮崎市定中國史》（미야자키 이치사다, 중국통사）。
日本的中國史研究學者宮崎市定教授認為，中國經濟在漢朝第一次到達頂點以後，在三國時期
和南北朝時期經歷了漫長的停滯期，到了唐朝和宋朝又有了飛躍式發展。這時的中國技術比西
方發達，且擁有西方人渴求的三大產品（絲綢、茶、瓷器），並憑藉此優勢從西方引入了貴金屬。

04 直到明朝，中國一直比西方富裕

　　「一條鞭法」的實施和緊隨其後的貴金屬擴大供給，使明朝的財政變得相當寬裕。雖然對此有很多爭論，但在明朝之前，中國一直比西方更加富強是事實，至少生活水準是相近的。

　　萬曆（1573 年至 1620 年）初期，財政改革推行的卓有成效，明朝政府又成功和不斷侵擾北方地區的蒙古土默特部首領俺答汗簽訂了和平協議，明朝供應蒙古所需的多種產品，而蒙古則要向明朝朝貢稱臣，以此換得經濟上的援助。

　　從某種角度來說這是「用金錢買來的和平條約」，但由於實施了「一條鞭法」和海外貿易的發展，寬裕的國家財政為此提供了可能性。按當時的紀錄，明朝囤有糧食 1,300 萬石，國庫則有 600 萬兩以上的白銀。

　　正因為有如此雄厚的財力，明朝政府才能夠和俺答汗簽訂和平條約，並大大加強北方要塞的修築改建。萬曆帝任命在征討倭寇中立下赫赫戰功的戚繼光為左都督，又命令李成梁鎮壓遼東，修繕萬里長城，建造了三千多個瞭望樓。

　　在這裡可能有人會問，16 世紀的明朝很繁榮是事實，但是和別的國家相比，其國民的生活水準是不是也很高？

　　用國內生產毛額（GDP）來推定是好方法，但測定 GDP 有很

多困難。英國經濟學家安格斯・麥迪森（Angus Maddison）教授傾注一生精力，測定了世界主要國家 2,000 年來的 GDP。

這一歷史性的研究成果，有助於我們理解過去的歷史，但是資料的準確性還有待商榷。即便當代社會的支付和通信手段都已經相當發達，要估算國民的生活水準也會受到諸多限制，而對工業革命以前的經濟水準，想做準確的測定更是不可能的事情。

為了解決以上這些問題，西方史學界大家伊恩・莫里斯（Ian Morris）教授在歷史分析中，借用了聯合國開發計畫署創立並發布的人類發展指數（HDI）。此指數在測定人的生活所到達的水準時，不僅測定收入，還參考了人的預期壽命和文化程度等其他因素。

如果一個國家的 HDI 在 0.9 以上，那這個國家便可視為已開發國家。作為參考，2018 年韓國的排名是第 22 位，超過了法國、西班牙等國家。伊恩・莫里斯教授希望參考 HDI 來估算過去各國的社會發展指數（SDI）。

既然沒有 GDP 資料，也沒有文化程度統計，那就得選擇可代替的指數，他選擇的第一個指標是能源使用量，其次是城市規模，他還量化了資訊處理量和處理能力，以及戰爭能力，根據這些指標，他測定了各國在各個時期的社會發展水準。

下頁圖表 2-6 是 15 世紀以後，西方和東方的社會發展指數演變。如圖所示，相比於西方，東方在很長時間裡始終占據著上位，這一優勢一直保持到 18 世紀末。

看到這裡讀者可能會問，東方，特別是中國，一直到 19 世紀末社會發展水準也比西方高，但這一優勢為什麼在清朝漸漸喪失了？我們將在第三章重點討論一下這個問題。

圖表 2-6 15 世紀以後東西方的社會發展指數演變

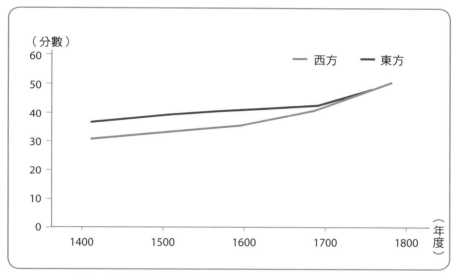

資料來源：《為何稱霸西方：過去 200 年來人類尚未解決的問題》（왜 서양이 지배하는가：지난 200 년 동안 인류가 풀지 못한 문제）。

莫里斯教授為了解決無法準確估算能反映過去社會發展水準的國內生產毛額這一問題，便參考人類發展指數的評估方式創立了社會發展指數。透過城市規模、能源的使用等間接的指標，估算出了東西方的發展水準，可稱為具有劃時代意義的嘗試。有意思的是，資料顯示東羅馬帝國滅亡以後東方占明顯優勢，可在 1800 年前後這一趨勢開始逆轉。

05 明朝滅亡的原因──氣候變化

　　一直到 16 世紀還保持富強的明朝，為什麼到 17 世紀就被清軍打垮了？

　　當時滿洲騎兵具有強大的戰鬥力是事實，但是想衝破以山海關為中心的明朝防禦網也絕非易事。特別是明朝名將袁崇煥所統帥的軍隊，還曾使用西洋傳教士湯若望（Johann Adam Schall von Bell）製造的西式火炮。明朝軍隊絲毫沒有顯現出會敗在防禦戰上的跡象，因此可推測，導致明朝亡國的是李自成領導的農民起義。

　　那麼為什麼明朝會發生大規模的農民起義？其直接的原因就是明朝的皇帝們**沒有實施正確的國家政策，這一點成了農民起義的導火線**。

　　最典型的例子是萬曆帝，其在晚年因怠政出名，他基本上不臨朝聽政，也不和大臣們共商國事，而是在宮中和宦官一起決定政務。但是哈佛大學的漢學家卜正民教授（Timothy Brook）卻主張，導致明朝滅亡的直接原因是「氣候變化」。

　　1586 年至 1588 年間，發生了第一次「萬曆之淵」[3]，此次災

---

[3] 譯按：卜正民教授在其著作《掙扎的帝國：氣候、經濟、社會與探源南海的元明史》（*The Troubled Empire: China in the Yuan and Ming Dynasties*）中提到萬曆 15 年和萬曆末年發生的兩次極端自然災害，稱之為「萬曆之淵」。

▲圖表 2-7 萬曆帝畫像。

難造成的危害難以衡量。但是明朝竟然能夠順利度過難關，這要歸功於 1580 年初，張居正推行的國家財政改革。1582 年，張居正去世時明朝國庫仍然充盈，正因為有了如此的財力，明朝才得以從容應對暴風雨般襲來的自然災害。

1615 年，第二次「萬曆之淵」開始了。在這次危機發生的前兩年，中國北部全域持續發生洪水氾濫，兩年以後氣溫又開始急劇下降，變得異常寒冷。

1616 年下半年，飢荒從中國北部蔓延到長江以南，接著又撲向了廣東省。雖然最為惡劣的狀況在 1618 年之前結束了，但是在

此之後，也就是萬曆時期的最後兩年間，乾旱和蝗災從未中斷過。

圖表 2-8 是過去兩千年間全球平均氣溫的變化圖，從圖中可以看出，大約五百年前全球氣溫開始下降。這在氣候學界被稱為「小冰河期」。透過研究和分析樹的年輪得出的結論是，明朝末年發生的乾旱是 500 年間最為嚴重的乾旱，而當時中國北部地區發生旱災的頻率比明朝初期高 76％。

圖表 2-8 自 2,000 年前至今的氣候變化
（以 1961 至 1990 年的平均溫度為基準的溫差）

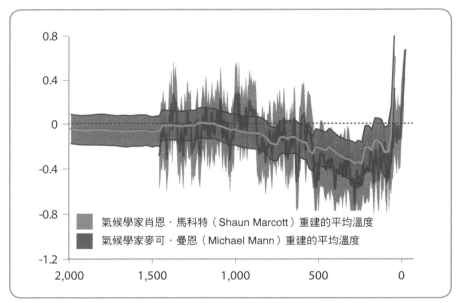

資料來源：〈重構過去 11,300 年區域和全球的溫度〉（*A Reconstruction of Regional and Global Temperature for the Past 11,300 Years, Science 08 Mar 2013, Vol. 339, Issue*）。
橫軸表示的是以現在為起點倒推的年分，縱軸表示的是以虛線（1961 年至 1990 年平均氣溫）為基準的世界平均溫度。
從圖中可以看出，在一千年前左右世界平均氣溫曾有很大上升，這是所謂的中世紀暖期。此時正是歐洲擺脫黑暗時代，完成了大規模發展的時期。

　　假如當時的明朝皇帝充分累積應對氣象異變的財力，並以此為基礎增強國力，也許明朝不至於走到滅亡的地步。但是在萬曆帝執政期間政府鋪張浪費，異族侵擾頻繁，對戰時後勤至關重要的驛站被撤銷，這些因素都已經決定了戰爭的勝負。而在這裡值得一提的是，明末起義軍的領袖李自成，原先就在驛站工作，被裁後便參加了起義軍。

　　在下一節我們將探討，中國能夠成為世界上人口最多的國家，其歷史背景是什麼。

06 改變稅收政策，使清朝的人口突破 4 億

　　滿族人闖過山海關進入中原地區以後，洗劫和掠奪了揚州等眾多長江下游大城市。江南地區尚且如此，淪為戰場的北京周邊地區更是「一眼望去，滿目瘡痍」。

　　農民自己耕作的土地被沒收，北京周邊諸多州縣的荒地，以及明朝皇室曾擁有的土地，也被分發給滿洲貴族和八旗子弟[4]，70％的百姓過著流浪生活。1645 年，滿族人強制推行和他們一樣的髮辮，引起了漢人的強烈反抗。

　　在這裡可能會有人產生疑問，與明王朝相比，清王朝曾有過康熙（1662 年至 1772 年在位）、雍正（1723 年至 1735 年在位）等諸多明君，可是為什麼在清朝初期會發生那麼多的屠殺和野蠻掠奪？這是因為在滿族人入關時是移動型入侵者，而後在康熙前後才轉變為定居型統治者。

　　最為典型的移動型入侵者應屬初期的蒙古帝國。當時蒙古帝國的一些將軍主張「把中國全域的人殺光，放羊」。他們沒有在一個地方定居生活的經驗，也不懂得如何收稅，所以才說出這樣

---

[4] 建立清朝的太祖為了加強中央集權、方便有力統治，以滿族為主，以及對開國有功的漢人、蒙古人、女真人組織的軍隊，以軍旗的顏色編制成八個部隊，故稱八旗。

▲圖表 2-9 恢復科舉制度、改革稅收制度、造就清朝太平盛世的康熙皇帝。

的話。從經濟增長、國民福祉的角度看，這種移動型入侵者作為統治者是最有害的。

移動型入侵者沒有長期計畫，他們不管百姓死活，能搶的都搶，能殺的都殺，能破壞的都破壞。

定居型統治者的立場就不同了，如果肉體上消滅了被統治對象，定居型統治者就會餓死；反之，被統治的人民若變得富有，那麼能獲取的東西也會變得更多。

因此，定居型統治者往往努力在自己管轄的地域，創造一種人人努力工作，還可以參加投資活動，甚至能夠開發新技術的宏觀環境。

從這個角度可以看出，在康熙鎮壓三藩之亂後，掌控中國全域的清朝政府轉變成了定居型統治者。

清朝於 1679 年恢復科舉制度，把在鄉村居於支配地位的鄉紳階層納入了統治結構之中，並且循序漸進的對稅收制度進行改革。特別是在 1713 年，康熙宣布了「盛世滋生人丁，永不加賦」的政策，意思是現在是太平盛世，以後出生的孩子不再收「丁稅」（人頭稅）。

此政策也可以理解為即使以後人口增長了，政府也永遠不課人頭稅。但是在經濟規模擴大、財政支出增加的情況下，如果政府減少了稅源，從長遠角度看，財政狀況肯定會惡化。

因此康熙的繼承者雍正皇帝推出了「攤丁入地」制度，即把人頭稅和土地稅合而為一加以徵收。這個措施具有很強的改革性質，引起了擁有大面積土地的鄉紳階層的強烈反對，可此時的清政府已經統治中國全域近 70 年，而且還擁有強大的軍隊，所以這點反對的呼聲政府已經可以完全無視了。

但是康熙和雍正的稅收改革產生了預想不到的影響。從下頁圖表 2-10 中可以看出，中國人口數量在明朝末年大概是 1.5 億到 2 億，從 1700 年開始暴漲，到了 1800 年，這個數字已經達到 3 億，甚至 3 億以上了。

人口突然增加最直接的因素，是能夠納入統計資料裡的人頭數量增加了，因為以前百姓為了避稅會盡量少申報子女人數，而「人頭稅」被廢止之後就沒有這個必要了。

除了曾經隱匿的人口開始公開登記戶籍，死亡率的下降也成了人口增加的原因。花生、玉米和馬鈴薯等新農作物的普及，使

得百姓在氣候條件不如意的年分也能果腹避免飢餓，這一點更是
為降低死亡率做出決定性的貢獻。

　　當然，人口增加在初期是好事。1600 年前後的內亂和戰爭使
人口驟減，邊疆地區遍地都是沒有主人的土地，所以養育增加的
人口沒有問題。加上像花生、馬鈴薯等農作物在乾燥、寒冷的地
域也完全能夠生長，所以像四川、臺灣等人口稀少的地方也開始
有人遷移過去居住。但是向邊境的遷徙和新土地的開墾，逐漸引

圖表 2-10 西元前 400 年至西元 1950 年中國人口數量變化

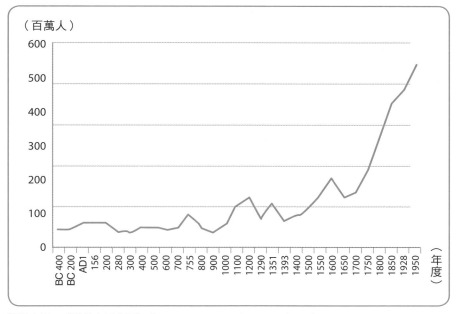

資料來源：《近代中國人口》（*The Population of Modern China*）。
中國也曾陷入馬爾薩斯陷阱，所以人口數量長久滯留在 1 億內。到了經濟持續發展的北宋時期
人口數量曾突破 1 億，但因蒙古人的侵略，人口急速減少近一半。直到明朝後期，中國人口數
量最終突破了 1 億並開始持續增長。

發了新的問題。

最大的問題是地表的荒漠化。開墾山林地帶，建造梯田耕種農作物，無疑可以增加農業的產量，但是在過程中大批森林被毀壞，還有土地表層大量流失，也造成了非常嚴重的後果。

森林如果遭到破壞，應對氣候變化的能力會降低，還有可能引發洪水和乾旱。清朝政府也認識到了這一點，所以嚴格控制了土地開墾，但是無法控制人們對土地的渴望。

人口急劇增加產生的另外一個問題是工資的下降。因為人口眾多，所以只要給夠吃飯的錢就願意工作的人變得多了起來，於是工資自然而然的就下降了。這是人口增長帶來的阻撓工業革命發生的逆向效果。關於這個問題我們將在第三章進行詳細分析。

07 貨幣供應減少時，經濟會出現疲軟

第一章的西班牙和第二章的中國留給我們的最重要的啟示是：當貨幣供應減少時會出現嚴重的危機。我們將在第四章集中、詳細的研究這個現象。其實，1929 年發生的經濟大蕭條也向我們展示了貨幣供應減少時會產生怎樣的經濟效應。

從下頁圖表 2-11 中可以看出，雖然股價暴跌引發了經濟危機，但是失業率真正開始上升是 1930 年初，貨幣供應減少導致銀行儲蓄金額直線下降。

這裡我們來看一下貨幣供給的本質。以黃金為首的貴金屬進入市場時，貨幣供應量會增加，這是理所當然的事情，但貴金屬最終都會流入銀行。因為持有黃金有被盜的危險，且不能生利息，所以收到黃金的經濟主體（商家、企業、政府等）會把貴金屬存放到銀行。

貴金屬從被存放到銀行的瞬間，就開始具有貨幣的生命力了。銀行會把存款的一部分作為存款準備金再存到中央銀行，把另一部分放貸給需要資金的人並收取利息。這些資金會流入市場，被用於購買房屋和各種設備，由此經濟得到增長，僱傭市場也得以擴大。

但是，暫且不管是由於何種原因，如果銀行的儲蓄金額急劇

下降的話會出現什麼樣的情況？銀行不得不回收放給企業或者商
家的貸款,而沒有能力償還貸款的企業或商家,就會接二連三的
破產。企業和商家的破產會令銀行加緊對貸款的回收,形成惡性
循環,其結局是誘發整體經濟的不景氣和大規模、大範圍的失業。

　　也就是說,如果某一個國家因大規模貿易赤字導致了貨幣供

圖表 2-11 1929 年前後的美國銀行儲蓄金額和失業率

資料來源：美國聖路易斯聯邦儲備銀行。
注：陰影部分為美國全國經濟研究所判定的經濟疲軟時期。
這張圖最能顯示貨幣供給對經濟形勢的重要作用。貨幣供給主要靠兩個途徑,一個是透過政府
的貨幣供給,另一個則是銀行等金融機構的「儲蓄─貸款」。
1929 年的經濟大蕭條,是在中央銀行抑制貨幣供給的大環境下發生的,銀行發生了危機,連
「儲蓄─貸款」的途徑也封閉了,悲劇就由此開始了。

給的減少，人們因此湧向銀行取出貨幣，那麼這個國家會陷入嚴重的經濟蕭條狀態。請不要忘記，2008 年的全球金融危機之所以能帶來那麼大的衝擊，就是因為「雷曼兄弟」投資銀行的破產，所引發大規模的銀行擠兌事件。

3

人口是紅利，還是
技術發展的阻礙

01 為什麼清朝時，中國沒有發生工業革命？

　　在工業革命發生以前，一個國家的國力取決於這個國家的人口數量。法國作為「千年老二」能夠不停的向「老大」（西班牙、荷蘭、英國等）挑戰，正是因為它有數量龐大的人口。這種情況在東亞也是一樣，中國正是依靠眾多的人口而主導了各種改革、創新。

　　眾所周知，在市場大的地方更容易出現各種新技術，因此擁有大市場的國家就會具有競爭優勢。中國的四大發明（火藥、造紙術、印刷術、指南針）也佐證了這一點。

　　那麼為什麼工業革命沒有發生在中國，而發生在遙遠的英國？在這裡我們簡短的談一談工業革命。簡而言之，所謂工業革命是指人均所得持續增長的現象，也就是所謂的「近代化」。

　　根據人口數量和人均所得的統計，英國英格蘭地區的人均所得和人口數量在 1600 年之前是呈反比的（見下頁圖表 3-1），也就是說，人口數量的增加會導致人均所得的減少，反之，人口數量的減少會增加人均收入。這就是當時的現實狀況。這樣只有人口減少，人均所得才能增加的現象叫做「馬爾薩斯陷阱」。

　　所謂「馬爾薩斯陷阱」的理論，創立於技術進步非常緩慢的時代。當然，相比於古代希臘和羅馬文藝復興時期，當時的技術確實是進步了，但是當時的人們卻難以感覺到世界正在變好。

圖表 3-1 1260 年至 1650 年英格蘭人均所得和人口的關係

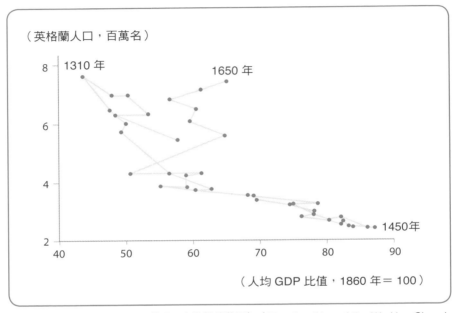

資料來源：〈1209 － 2004 年英國工人階級的狀況〉（*The Condition of the Working Class in England, 1209–2004, Gregory Clark*）。

　　從 1260 年到 1650 年，英格蘭的人均所得年增長率為 0.6%，這種程度的漲幅，對整個經濟主體來說是無法感覺到的。我們可以看出，在英格蘭發生工業革命之前，人均所得取決於人口數量。

　　1310 年，當英格蘭地區人口數量漲到 577 萬時，是英格蘭人均所得最少的一年（如果說 1860 年英格蘭地區的人均所得為 100 英鎊的話，1310 年的人均所得是 43 英鎊）。

　　1450 年黑死病橫行，英格蘭地區的人口數量減少到 228 萬，這一年該地區的人均所得達到了 87 英鎊，是 1310 年的近兩倍。

當時的世界情勢就是這樣，如果爆發戰爭或者疾病蔓延導致人口
數量減少，人均所得就會增加；反之，在人口數量增加的和平年
代人均所得就會減少。

　　可是到了 1600 年前後，英格蘭出現了準備起變化的徵兆。在
攆走查理一世（Charles I）、建立共和，之後又復辟帝制的混亂當
中，英格蘭地區的人均所得卻在持續的增長（見圖表 3-2）。

　　到了 1800 年以後，「人口數量和人均所得呈正相關」的現象

圖表 3-2 1600 年至 1860 年英格蘭人均所得和人口的關係

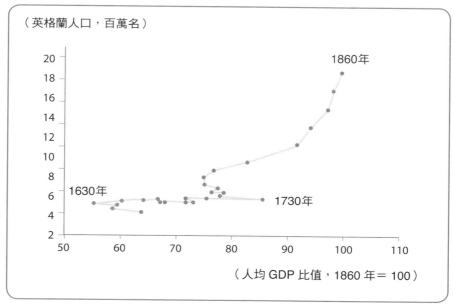

資料來源：〈1209 － 2004 年英國工人階級的狀況〉。
從圖中可以看出，1860 年，當英格蘭的人口從 400 萬增長到 1,800 萬時，人均所得並沒有減少。
這種現象的出現是因為農業革命帶來的大豐收，和北美殖民地的成功開拓緩和了人口壓力。而
18 世紀下半葉工業革命的開展也是重要原因之一。

開始常態化。為什麼在英格蘭會發生這種事情？有人認為這只是英格蘭人運氣好。因為英國有發起工業革命的有利條件，它具備豐富的資源，甚至被評為「坐在煤炭上的國家」，以及處於有利與美洲大陸進行海上貿易的位置。

但也有人認為是制度的原因。光榮革命以後，英國政府禁止王室恣意課稅和掠奪財產，這樣的社會大環境激發了改革創新。

我個人更同意後者。建立一個財產權能得到保護的、具有合理制度的國家，才是促進發展的重中之重。

但是後者的理由還不足以讓人完全信服，因為荷蘭遠早於英國成立了股份公司和中央銀行。不僅是荷蘭，日本中部的關東地區也形成了較高水準的金融制度。

德川幕府（德川家康在 1603 年建立的武家政權）成立的時代，統治各個地方的領主們都擁有數量龐大的家臣以備戰事。但是德川幕府成立之後，長時間的和平歲月使得大部分領主承受著巨大的財政壓力。

不僅是地方的領主，連德川幕府直轄的家臣們事實上也大都已經破產。要參考的情況是，當時德川幕府率領的直屬武士超過 8 萬人，他們是摧毀豐臣家族維持了近二十年政權的最重要武器。為了防止這重要的武裝力量淪為虛設，幕府提供了各方面支援，可還是不能從根本上解決家臣們的財政危機。

在這種情況下他們唯一的解決方法就是跟商人借錢。這時候日本商人們開始發展各式各樣的金融服務。例如，商人們會以領主或家臣對自己領地所擁有的年貢徵收權為擔保，給予他們貸款，一旦還貸出現問題，他們就替領主徵收年貢，以抵扣餘額。

　　當然，和光榮革命之後的英國相比，這樣的機制還不能說很完美的保護了財產權，但是即使是德川家臣的特權身分，如果不能還清債務，也會失去最重要的權利，這本身可以說是在財產權方面的相當大的進步。那麼為什麼在日本沒能發生工業革命？在下一節我們將仔細探討這個問題。

▲圖表 3-3 建立德川幕府的德川家康。

02 人口過剩，阻礙了技術發展

　　在德川幕府時期，日本曾出現了相當發達的、影響深遠的工商業活動，可終究還是沒有發生工業革命，到底是什麼原因？

　　這其中當然有很多因素，但是最為關鍵的、有說服力的原因之一就是「人口過剩」。隨著戰國時代的結束，日本迎來了人口的大爆發；到了 1800 年，日本和中國一樣進入了人口過剩時代。

　　人口壓力一大，就很容易僱用到只需最低生存費用的勞動力。這對於需要手工操作的工業或者農業的發展當然是好事情，但是對於勞動生產率的提高和技術的發展，也就是「工業化」來說，就成了相當不利的因素。

　　而英國的情況就不一樣了。為什麼以詹姆斯・瓦特（James Watt，改良蒸汽機，見下頁圖表 3-4）為首的英國的發明家們，能傾注那麼多的時間和金錢來進行研發？

　　在這裡需要說明的一點是，19 世紀初期日本和中國的情況相當類似。中國在人口數量猛增的同時，勞動生產率卻在倒退。中國的歷史學家們研究了當時長江下游的市場經濟發達地區，發現「單位土地面積上投入的勞動力增加」導致了人均生產量的下降。

　　這一現象在經濟學上被稱為「邊際效益遞減」。例如，種一畝地的莊稼，兩個人一起工作時比一個人收穫多，但是如果兩個

▲圖表 3-4 工業革命開始的標誌——蒸汽機。

人變成三個人，三個人變成五個人的話，生產效率就會急劇下降。

在農業生產中，如果沒有投入帶有超級效果的種子或化學肥料，都會出現明顯的「邊際效益遞減」現象，所以在農業生產中投入了超過適當數量勞動力的社會，其生產效率就會下降，人均所得也會隨之減少。

所以，近代化的發展，就是透過提高生產效率來主導整體經濟的成長過程；而為了提高生產效率，就必須將培育重點放在製造業。製造業的「收穫遞增」現象不同於農業生產的「收穫遞增」現象，最為典型的例子是 20 世紀初，美國福特汽車公司生產，具有革命意義的福特 T 型車（Ford Model T，見下頁圖表 3-5）。

▲圖表 3-5 福特公司生產的福特 T 型車（1910 年）。

　　1908 年 T 型車剛剛投入市場時，年產量不過 1 萬輛，銷售價格是 825 美元，換算成 2017 年的物價是 2.25 萬美元（按：約新臺幣 62.8 萬元，一美元折合新臺幣約 27.9 元）。

　　那個時候福特生產的 T 型車外觀粗糙，價格昂貴，所以沒有什麼人氣。但是隨著福特在 1910 年成立的「高地公園」（Highland Park）工廠，引入了劃時代的工程技術──流水線作業（見下圖表 3-6），情況就發生了變化。

　　當然，流水線作業不是福特的發明。是福特在訪問了芝加哥屠宰工廠之後，才產生使用流水線配裝汽車的相關靈感。當時屠宰工廠的模式是，先用鐵鉤把家畜掛起來，使之移動，然後有數十名工人上前，每人只卸下自己負責的那個部位。但是汽車太過笨重不便掛起來，福特就把流程改為將汽車放在巨大的輸送帶上。

▲圖表 3-6 1913 年的福特汽車生產線。

　　結果，生產效率從 1909 年的年產 1 萬輛猛增至 1918 年的 66.4 萬輛，而到了 1922 年，產量已達到 130 萬輛。勞動力的投入相同，產量卻急速增長，所謂的「學習曲線」就出現了。

　　工人熟悉自己的工作，可以省略沒有必要的技術環節，同時也解決了生產流程中的問題，在整個過程中人均生產量逐漸提高。工人人均生產量的持續增加，降低了生產一輛汽車所需的成本，而且流水線的作業也降低了不良率。

　　後來，福特 T 型車的價格從 1909 年的 825 美元降到 1914 年的 440 美元（見下頁圖表 3-7），而到了 1922 年則降至 319 美元，如果按 2017 年的物價來換算的話，只需 4,662 美元就能買到。在短短的 13 年間，福特 T 型車價格直降 60%，民眾再也沒有理由不

買汽車了。

　　為了避免誤解，在這裡需要補充一點：1800 年前後的日本德
川幕府也好，同時期的中國長江下游地區也好，並不是停滯不前、
沒有發展的。當時日本有人培育出了新品種菊花和喇叭花，而中
國則開始利用剩餘勞動力栽培棉花，經濟在整體層面開始了「分
工」操作，並出現滿足人們的各種需求的新產品。之前各個農戶
單獨生產的棉布，也開始由專業農戶專門生產，這些當然是毫無
疑問的進步。

　　不過，這些進步還不能被稱為工業革命，更適合被稱為「勤

圖表 3-7 福特 T 型車產量和銷售價格演變

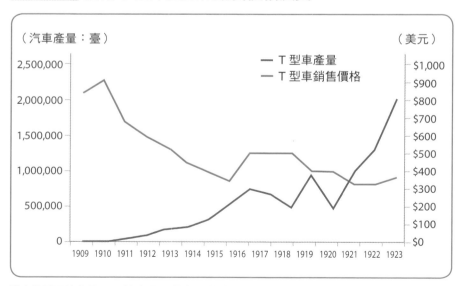

觀察此圖可以發現，T 型車產量暴增的同時價格也在持續下降。所謂「規模經濟」的出現引發
了產量增加、成本費用減少和價格下降。1917 年前後產量增速減緩是因為隨著第一次世界大戰
的爆發，福特公司開始生產軍需品。

勉革命」，這是由兩個革命之間的性質差異所決定的。如果說工業革命是減少人的勞動，提高對機器的依賴度的話，那麼「勤勉革命」則是最大限度的利用廉價勞動力以實現經濟的增長。

19 世紀的日本是這方面的典型例子。在 1660 年和 1810 年，以名古屋為中心的濃尾平原地區，家畜數量分別為 17,825 頭和 8,104 頭，也就是說整整減少了 54%。這說明在 1660 年代人們還使用牛馬進行耕種，而到了 1,810 年農民幾乎不使用家畜耕種了。

人口數量增加，勞動力變得廉價，所以農民用人力替代家畜從事農耕生產了。也就是說，當時的社會是透過長時間高強度的勞動來增加社會總生產量。

在這裡肯定有不少讀者會產生疑問，為什麼英國沒有出現人口過剩的現象，而且能夠保持長久的經濟增長呢？我們將在下一節解答這個疑問。

03 英國為什麼沒出現「人口爆發」？原因出在小麥

如果說日本和中國出現了人口過剩的狀況，所以沒有必要非得製造價格昂貴的機器來替代人力的話，那麼英國的狀況則截然相反。

從圖表 3-8 中不難看出，1800 年，在發生工業革命前後，各個國家之間的勞動者工資已經有了很大的差異。在英國倫敦，勞

圖表 3-8 1325 年至 1875 年世界主要城市工人的日薪（單位：銀幣）

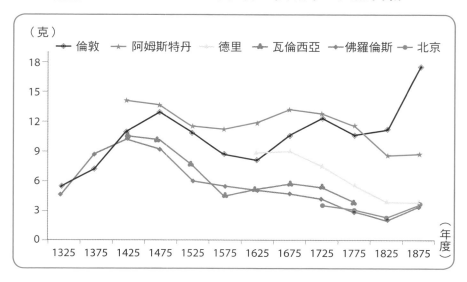

動者一天的工資超過 17 克銀幣，而在印度的德里和中國的北京，
勞動者一天的工資都不到 3 克銀幣。

因為和其他地區相比人工費相當高，所以對英國來說，發明
減少勞動力投入的機器非常迫切，是重中之重。但是英國發明的
機器很難在其他歐洲國家或者亞洲國家普及。

1870 年，企業家阿克萊特（Richard Arkwright）在英國建造採
用最新技術的紡織工廠之後，其投資收益率竟達到 40％，可是阿
克萊特的新技術在法國的投資收益率卻只有 9％，而在印度的工
廠，其投資收益率還不到 1％。

當時除了英國，大部分國家都有「高利貸」的負擔，如果投
資收益率不高的話，大家當然都不願意投資。實際上，在法國大
革命（1789 年至 1794 年）之前，英國工廠裡配備的機器僅珍妮
紡紗機（按：Spinning Jenny，為英國紡織工詹姆斯·哈格里夫斯
〔James Hargreaves〕在 1764 年左右發明的現代機械紡紗機，是工
業革命的早期成果之一）就有 2 萬臺，法國有 900 臺，而印度則
一臺也沒有。

那麼倫敦工人工資高的原因是什麼？很顯然，那是因為英國
不同於日本或中國，不存在人口壓力。

那麼英國或荷蘭為什麼沒有人口壓力？最為有力的假設是歐
洲人結婚較晚，加上宗教等因素，大多數的人乾脆不結婚，而東
亞的情況就不相同。

但是最近的多項研究表明，當時西歐和東亞女性的初婚年齡
和生育率沒有什麼太大差異。例如 1790 年前後，比利時和英國女
性的初婚年齡分別為 24.9 歲和 25.2 歲，她們的生育率分別為 6.2

和 4.9 ，而中國和日本女性的生育率分別為 5.0 和 5.2 。

那麼為什麼歐洲的人口壓力比東亞低？最直接的原因是歐洲的主要農作物小麥和東方的主要農作物稻米相比產量極低（見圖表 3-9）。小麥和黑麥的種植會降低地力，只能降低產量，但水稻可以在同一塊田地種植幾十年，而且可以一年種植 2 到 3 次。

歐洲大部分地區的播種量和收穫量之比為 1：4，也就是說，收穫了 4 粒，得留下 1 粒作為來年的種子，實際可以用來做麵包的只有 3 粒。如果遇到災年，比例降到 1：3 以下，就會發生饑荒；

A.1200 年至 1249 年以前穀物收穫比例在 1：3 到 1：3.7 之間	
1. 英國 1200 年至 1249 年	3.7
2. 法國 1200 年以前	3
B.1200 年至 1820 年穀物收穫比例在 1：4 到 1：4.7 之間	
1. 英國 1250 年至 1499 年	4.7
2. 法國 1300 年至 1499 年	4.3
3. 德國、斯堪地那維亞國家 1500 年至 1699 年	4.2
4. 東歐 1500 年至 1820 年	4.1
C.1500 年至 1820 年穀物收穫比例在 1：6.8 到 1：7.1 之間	
1. 英國、荷蘭 1500 年至 1700 年	7
2. 法國、西班牙、義大利 1500 年至 1820 年	6.3
3. 德國、斯堪地那維亞國家 1700 年至 1820 年	6.4
D.1750 年至 1820 年穀物收穫比例在 1：10 以上	
英國、愛爾蘭、荷蘭 1750 年至 1820 年	10.6

▲圖表 3-9 歐洲穀物的產量。

如果 1：2 的比例持續兩、三年，就會出現餓死人的現象。因此相較於亞洲，歐洲從根本上發生人口過剩的可能性較小。

但是到了 18 世紀，荷蘭的農民開始在休耕地中栽培苜蓿、蕪菁等飼料作物，這是一個能夠使地力得以恢復，也能夠大幅增加家畜數量的方法。這種方法很快傳到英國，並被英國人進一步發展，並為「約克郡農法」（輪耕）的形成奠定了基礎。

直到 15 世紀為止，每粒種子只能勉強收穫 3 到 4 粒小麥，可到了 18 世紀，每粒種子有望收獲的小麥達到了 10 粒以上。當然，這樣的農業革命會增加人口過剩發生的可能性。實際上，18 世紀的英格蘭人口也得到了持續的增長。

那麼為什麼英國倫敦能夠維持工人的高工資呢？這是因為很多歐洲人，特別是英格蘭人和愛爾蘭人，大舉移民到新大陸的緣故。讓我們回顧一下 16 世紀西班牙人開拓新大陸的時期。

當時為了經營殖民地，本土的年輕人紛紛湧向新大陸，導致西班牙經濟出現了嚴重的通貨膨脹。而 18 世紀的英國情況卻恰恰相反。

作為歐洲國家中幾乎唯一擁有充沛農產品的國家，英國可以毫無顧忌的把農村的剩餘人力派送到海外，也可以向海軍持續的輸送兵力，還得以形成包括北大西洋區域在內、龐大的商貿網路，賺了大把的錢。

同時，英國能夠從北美殖民地穩定進口所需的木材，為其建立一支強大的海軍提供了有利條件。

可以說，正是得益於從 17 世紀開始實行的金融市場改革，英國才能夠以低利率籌措大量資金，進而大力建設海軍、維護物流路

線，成功抵禦外敵、守護國土，為工業革命奠定了堅實的基礎。反觀荷蘭，因地處大陸而不停的被迫捲入歐洲大小戰事，在 18 世紀末還曾被拿破崙占領過，已經失去了能夠推進工業革命的力量。

當然這些還不足以完美的解釋這一問題。還需要了解的是，英國有著優待像牛頓這樣的科學家的傳統，還有為躲避戰禍進入英國的大批知識分子和大量的資金。下一節我們來看看，英國工業革命是如何推進的，以及它怎樣打敗了曾經作為世界最大強國的中國。

04 工業革命的資本，來自毒品

　　一直到 18 世紀初，英國和中國都是名副其實的世界強國，現在我們來分析一下這兩個強國的情況。

　　中國依靠種植水稻養育著龐大的 4 億人口，人均收入可能比西方低，可是龐大的人口資源使其擁有巨大的市場和強大的軍隊。英國的人口沒有中國多，但人均生產率很高，海軍特別強大。雖然向遙遠的中國派軍有一定的困難，但是在印度和新加坡等前往中國的中繼站，準備好充足的糧食和補給物品的話，就有可能威脅到中國。

　　但是如果冷靜的進行比較，在經濟實力和軍事力量方面，英國是不及中國的。所以英國希望盡量和中國保持和平的關係並與之進行貿易。但對清政府來說，沒有理由一定要滿足英國的請求。

　　1685 年，康熙將海上貿易合法化後，在主要的沿岸港口設置了海關。入關的船舶需在海關登記，並需要在銷售商品之前繳納關稅。康熙末年，進入中國的外國商人太多了，只和外商做交易的中國商行僅在廣州一地就達到了 40 間。

　　到了乾隆年間（1736 年至 1795 年），清政府宣布可與西洋人交易的港口只有廣州。特別是到了 1760 年，清政府還詳細規定了外國人在中國的訪問期限、居住地點，以及可進行貿易的貨物。

◀圖表 3-10 1792 年奉
喬治三世之命出使中國
的喬治‧馬戛爾尼。

　　這樣的規定讓英國逐漸感到不滿。最重要的原因是，英國人
特別喜歡中國產的茶葉，可是中國人卻對英國的產品沒什麼特別
的興趣，對英國來說，這導致了白銀的持續外流。

　　到了 1792 年，英國國王喬治三世（George III）派遣喬治‧馬
戛爾尼（George Macartney）伯爵作為特使來到中國，請求清政府
讓他們不僅能在廣州，還能在浙江的舟山等地進行貿易活動。

　　喬治三世自稱是「大海之王」，還炫耀自己擁有的強大武力，
而對於這些，正處在清朝鼎盛期的乾隆是不屑一顧的，於是他講
了下面一段有名的話：

　　在廣州進行貿易活動的不只是英國人。我們的帝國物產極為豐
富，即使沒有別的國家的商品也能生活得很好。中國盛產茶、優質
的瓷器、絲綢，還有很多其他的產品。你的國家和歐洲其他國家對
這些東西需求量很大。朕基於寬容善待之心，才指示在廣州建築官
方倉庫，讓你們存儲這些商品。

當然，乾隆帝說得沒有錯。但是英國的立場則不同，他們連對策都準備好了——在印度栽培鴉片。因為在中國，人民使用鴉片已有不短的時間了。

1405 年，鄭和統率約兩萬七千多名船員，乘坐 63 艘寶船離開南京，駛向印度洋。非洲和印度的很多國家為感謝中國寶船帶來的豐富商品，獻上了一種禮物——鴉片作為回禮。當時鴉片還有另一種稱號叫做「媚藥」，傳有「壯陽補氣」的妙用。

明朝的皇帝皆為鴉片成癮者。萬曆帝在生前建築了宏偉寢陵，死後就安葬在那裡。1997 年，有考古學家指出萬曆帝的遺骨裡含有大量的嗎啡，如果只是偶爾服用了鴉片，是不會出現這種結果的，他一定是鴉片成癮者。皇帝尚且如此，那些藩王、大臣、宦官也定會仿效。

▲圖表 3-11 乾隆帝接見馬戛爾尼率領的英國使節團。

這種說法還是有一定可信度的。要知道在明朝鴉片是非常昂貴的商品，它還沒有蔓延到民間。但是在清朝康熙帝攻取臺灣以後，鴉片便以中國南部地區為中心開始迅速擴散開來。

特別是英屬殖民地印度生產的巴特納（Patna）鴉片，於 1818 年開始大規模銷售，是毒性非常強的鴉片品牌。在此後的 150 年間，其銷量之大，讓巴特納幾乎成了鴉片的代名詞。

1839 年，中國鴉片的進口量足夠 1,000 萬成癮者吸食（見下頁圖表 3-12）。到了 20 世紀初，中國的鴉片成癮者已達 4,000 萬。在此過程中，大量的白銀輸出到國外。根據一些歷史學家的保守估計，1801 年至 1826 年間中國外流的白銀折合為 7,470 萬美元，而 1827 年至 1849 年間則達到了 1 億 3,370 萬美元。

這樣的貿易當然給英國，特別是英國東印度公司帶來了巨大的利潤。自巴特納鴉片大量銷入中國開始，鴉片就成了當時世界上銷售規模最大的單一品種產品，其帶來的銷售收入達到了英屬印度總收入的 1/7。

隨著白銀大量流出，中國國內的白銀價值便開始急劇上升。1758 年，一兩銀子可以兌換 730 枚銅錢，到了 1846 年，一兩銀子可以兌換 1,800 枚銅錢了。在鴉片戰爭之前，清政府之所以極力控制英國人來中國販賣鴉片，也正是基於這樣的經濟背景。

在第二章我們講過，如果發生通貨緊縮，經濟會出現嚴重的蕭條現象。由於通貨緊縮增加了實質性的債務負擔，加上本地金融機構破產，致使中國以江南地區為中心的區域，到處都發生了信用緊縮、信貸不暢的情況。而清政府的核心統治階層被鴉片侵蝕這一事實的敗露，也是促使政府狠下心禁菸的原因之一。

　　但是在當時，清政府內部也並非只有堅決控制鴉片貿易這一種主張。也有人認為，如果嚴禁鴉片貿易，會出現黑市交易，這會促使鴉片價格上升，會有更多白銀流出國外，這樣只會養肥外國商人和黑市組織，這絕對是大家不想看到的負面效果。

　　如果允許鴉片買賣，並加以課稅，那麼作為商品，鴉片的價格會下降，黑市組織也會自行消失。但是，如果施行這個方案的話，鴉片成癮者的數量會在短期內增加的可能性極高，可是卻沒有有效的戒毒方法。

圖表 3-12 1830 年至 1839 年間流入中國的鴉片規模

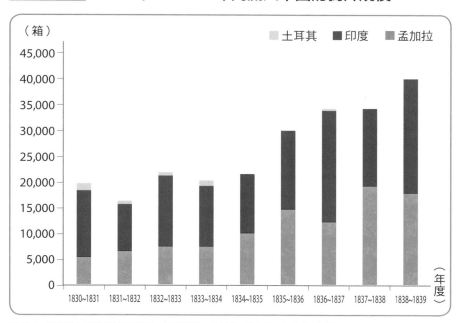

參見：《震驚中國的鴉片歷史》（정양원 , 중국을 뒤흔든 아편의 역사）。

▲圖表 3-13 宣布禁菸命令的林則徐。鴉片進口量的激增引發了嚴重
的後果，清道光皇帝命林則徐封鎖外國商館，沒收並燒毀鴉片，這
是鴉片戰爭的導火線。

　　結果，鴉片合法化的意見被否決，清政府採納了全方位嚴禁
鴉片的主張。儘管如此，此時曾經強健的滿洲八旗子弟也大都被
鴉片侵蝕，已無法馳騁疆場了。

　　當時的英國人自己也知道，他們幹的勾當無異於惡魔行徑。
英國教會的領袖們曾說「沒有比這個更有損英國形象的事情了」。
有一位匿名牧師直接稱之為「國家犯罪」。但是政治家和企業家
們的立場卻截然相反。他們對清政府嚴控鴉片進口表示憤怒，要
求清政府進行賠償。

　　鴉片戰爭以後，英國政治家和企業家們的目的達到了。19 世
紀初英國贏得了與拿破崙的戰爭，這次又透過鴉片銷售解決了和
中國的貿易逆差。由此，英國擁有了促進工業革命的資本力量。
下一節我們一起來看看能夠有力牽制英國的國家——美國以及南
北戰爭。

05 為了奴隸制宣布獨立，一切都是經濟！

　　從已經知道美國南北戰爭成敗的現代人視角來看，南方同盟竟然會為了堅持奴隸制而宣布獨立，實在令人費解。因為大家會認為，相比奴役奴隸進行強制性勞動，僱用一日制勞動者顯然更划算。

　　但是根據最近歷史學界的研究，南方奴隸制度下的農場曾具有很高的生產效率，換言之，使用奴隸比僱用勞工更有經濟效益，更為划算。為什麼會出現這種情況，讓我們仔細研究一下。

　　美國經濟學家勞勃・福格（Robert Fogel）和斯坦利・恩格曼（Stanley Engerman），比較了 1860 年臨近南北戰爭時美國各地區的生產效率。結果發現，奴隸數量占絕對優勢的南方，其生產效率比北部高出 35%（見下頁圖表 3-14）。

　　而一個奴隸也沒有的「自由民農場」，其生產效率和北方農場相差無幾，可是僱用 16 至 50 名左右奴隸的「中等規模的奴隸農場」，其生產效率比北方竟高出 58%。

　　如果只看這一資料，那麼那些擁有奴隸的南方農場主的立場就完全可以理解了，他們認為以林肯為首的共和黨政府，會損害自己的利益，因而強烈抵制，並不惜起兵打仗。

　　為什麼相比北方，南方的奴隸農場生產效率會更高？當然，

圖表 3-14 1860 年美國南方農場的生產效率

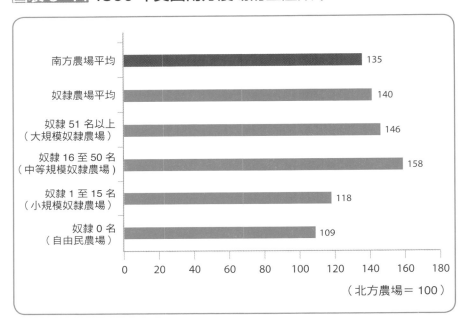

南方的氣候條件更有利於耕種或許是最大的原因，但此外還有兩個因素：一是南方農場主能夠很有效率的分配奴隸的工作；二是每個奴隸的生產效率比較高。

南方的奴隸農場主們為了充分利用奴隸，而選擇了相對合適的農作物。他們大部分選了農忙期相互不重疊的農作物棉花和玉米。玉米具有播種期比棉花早、收穫期可以從容選擇的優點。

不僅如此，他們還能準確的掌握每一個奴隸的能力，進行勞動分配。例如，價格較貴的 20 歲到 30 歲男性奴隸，會安排他們從事使用鐵鍬的勞動，而少年奴隸和成年女性奴隸則安排他們從

事使用鋤頭的勞動。

　　奴隸主們不僅給每個奴隸安排合適的勞動，還把他們很合理的編成勞動組合，例如把一個從事播種作業的奴隸和一個從事除草作業的奴隸編成一個小組。這種按勞動組合進行的工作安排，會促使組合之間產生競爭。

　　競爭中落後的組別，在餐飲和休息方面的待遇當然會受到影響，並且還可能遭受殘酷的體罰。福格和恩格曼甚至從路易斯安那州的奴隸農場主日記裡，獲取了體罰奴隸的資料。從 1840 年 12 月開始的兩年間，這個農場主對 180 名奴隸共進行了 160 回鞭刑，等於人均 0.7 次。

　　得益於奴隸的勞動，南方的生產效率蓬勃向上，而北方則在進行形態完全不同的革命——刺激人們創造力持續革新的工業革命。特別值得一提的是，美國北方的企業家們製造出了當時世界上技術最先進的槍枝。

　　1853 年克里米亞戰爭中，以英、法、土耳其為首的聯軍擊敗了擁有強大陸軍的俄國。其決定性因素就是，制海權在握的英國海軍，如同在自家後花園似的來回穿梭於黑海，給聯軍運送新型來福槍。

　　俄國軍隊使用的是燧發滑膛槍，需要使用燧石才能發射，光是裝填子彈就有九個動作，操作起來很繁雜，熟練的槍手一分鐘也只能發射兩發子彈。而且燧發槍的槍管裡沒有膛線，所以有效射程不過 180 公尺。但是供給法國和英國聯軍的新式來福槍有膛線，所以有效射程達到約 900 公尺，且裝彈流程標準化，裝彈後可直接射擊。

這種在克里米亞戰爭中使用的新型步槍，正是由美國麻薩諸塞州的春田兵工廠（Springfield Armory）和康乃迪克州的民間企業所製造。

美國東北部的製造業者迅速適應了 19 世紀初從英國開始的工業革命，在 1820 年至 1850 年這 30 年間發展出了「美國式製造體系」。這個體系的核心是用自動或者半自動車床，車出既定模樣的零件。正因為有了這種機器，其他機器的零件得以被大批量製造，所以即使個人的能力有所不足，也能夠迅速、大量的完成來福槍組裝。

當然，車床是昂貴的，材料的浪費也非常嚴重，但是像克里米亞戰爭這樣需要大規模槍枝的戰爭，這種生產方式的效益還是很高。而 1851 年在倫敦舉行的萬國博覽會，也給美國的製造業者提供了展示實力的機會。

就在這個博覽會上，槍枝製造商塞繆爾・柯特（Samuel Colt）展示了自己公司生產的左輪手槍，這種手槍即使被拆解、替換槍支部件後再隨意組合也能發射。

在南北戰爭初期，南方聯軍首先進攻了桑特堡，這促使原先保持中立的阿帕拉契地區轉而支援北方軍隊，也導致曾旗鼓相當的兩軍態勢開始向有利於北方的方向傾斜。事實上，阿帕拉契地區的人對北方佬和南方的奴隸農場主都不感興趣，但他們有著與生俱來嫉惡如仇的天性。

但是從長遠角度來看，即使沒有阿帕拉契地區的支援，勝敗似乎也已成定局了。因為北方不僅在製造業，而且在運輸方面都具有壓倒性的優勢。

　　1830 年，「巴爾的摩與俄亥俄」鐵路建成，此時的北方鐵路已如同蜘蛛網般連接了各地。1865 年，在華盛頓遭到暗殺的林肯總統的遺體被迅速轉移到伊利諾州春田市。這意味著他們以每小時 35 公里的速度，不停歇的移動了兩千多公里，擁有這種運輸能力的軍隊，是不會輕易的在戰爭中被打敗的。

▲圖表 3-15 南方聯軍攻打桑特堡，此事件之後戰爭態勢開始轉向有利於北方。

06 有錢的鄰居很重要

　　透過南北戰爭時期美國的故事，和曾主導工業革命的英國黃金時期，我們可以得到一個啟示，那就是要投資經濟穩步增長的國家，換句話說，**要向以生產效率提升帶動經濟增長的國家進行投資**。

　　美國在過去的 100 年間，曾取得了股價年上漲率為 7％的傲人成績，這是靠生產技術的革新，而實現的經濟持續增長。相反，像日本這樣生產效率沒能提升的國家，其證券市場就會陷入長期停滯。

　　下頁圖表 3-16 展示的是 1960 年至 2017 年，美國、日本和韓國的人均收入演變。可以看出直到 1990 年，日本一直在反超美國，可此後這一態勢被美國迅速逆轉了。為什麼會發生這種情況？

　　這其中當然有很多原因，但最重要的是生產效率的問題。1980 年代日本經濟借助房地產價格的暴漲，突然間變得繁榮起來，但與此同時，生產效率卻並沒有得到提升。

　　能持續提升生產效率的國家，在世界範圍內也是少見的。小範圍來看有美國、德國、韓國，還有中國，即使放寬標準，也就是多幾個像瑞典、以色列、愛爾蘭這樣的國家。那麼除了少數靠改革發展起來的國家之外，別的國家是怎樣富裕起來的呢？

　　大部分國家都是因為有了不錯的鄰居才富裕起來，南歐國家和美國的幾個鄰國就屬於這一類。這些國家吸引富裕的鄰居們來旅遊，或利用相對低廉的人力資源，引進在富裕國家已經失去競爭力的產業。

　　當然那些覬覦「高風險、高收益」的投資者帶來的資金，也為提高國民所得做出了貢獻。但是這些國家自身的生產效率並沒

圖表 3-16 1960 年至 2017 年美國、日本和韓國的人均收入

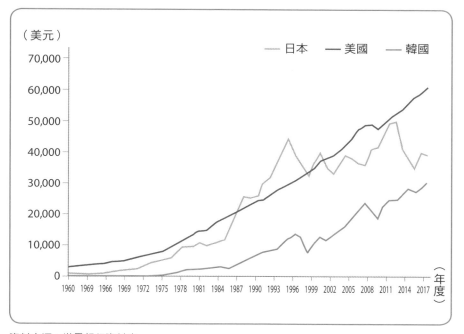

資料來源：世界銀行資料庫。
因為單位是美元，所以收入的增加有通貨膨脹的因素。可即使將通貨膨脹考慮在內，也能看出美國和韓國等工業化國家的收入增長是持續不斷的，但是反觀日本，雖然其人均收入在 1990 年代初創下了紀錄，但是泡沫的崩潰和生產效率的停滯不前，卻使人均收入原地踏步。

有得到提高，所以如果富裕鄰居的愛好改變了，或者技術趨勢變化了，這些國家就會陷入困境。

2011 年開始的南歐財政危機，還有從 1980 年代開始頻繁發生的中南美洲的外匯危機就是最好的例子。

所以如果某一個國家因經濟強勁，讓你感到它或許是一個好的投資方向時，你首先要考慮的是，它的那種經濟強勁是依靠生產效率提升帶動，還是因為別的因素？弄明白這一點，應該是正確投資的第一步。

4

大蕭條曾出現的
危險信號，
現代也通用

01 第一次世界大戰，純屬偶發事件

第一次世界大戰（1914 年至 1918 年）爆發前夕，世界主要工業國家都在體驗著「不列顛治世」（按：Pax Britannica，指歐洲於 1815 年至 1914 年整整一個世紀，在大英帝國全球性霸權控制下維持的和平時期；在這段時期歐洲比較少出現大規模動員的戰事），即英國主導的和平。但實際上在軍事方面，英國並不比別的國家更強大，「不列顛治世」得以維持，是因為英國在資本市場上占有壓倒性的優勢。

19 世紀後半葉，具世界級影響力的報紙《經濟學人》（The Economist）總編輯白芝浩（Walter Bagehot），曾測定了當時主要金融中心的可用儲蓄量，發現相比於其他的重要城市，倫敦的儲蓄規模大得出奇。當然這和英國憑藉強大的海軍掌控了海上霸權是分不開的，同時也因為透過金融市場，英國使自己強大的影響力變得更大、更廣了。

那麼英國是如何造就一個具有壓倒性優勢的金融市場呢？

當時英國的經濟依靠工業革命確實站在世界前列（見下頁圖表 4-1），雖然當時英國的 GDP 不及法國的 28%，可倫敦和巴黎資本市場的規模相差超過 9 倍。而產生這麼大差異的原因應在於「歷史的經驗」。

　　英國政府在光榮革命之後，持續累積了金融市場參與者們的
信賴，反觀法國，從約翰‧羅的「密西西比公司」事件（第一章）
中可以看出，法國政府一次又一次的對大眾背信棄義。結果就是
大部分法國人寧願把貴金屬藏在床底下以防萬一，也不願意使之
在市場流通。

　　金融市場是「規模經濟」最適合運作的地方，所以儲蓄資金
越是充足的地方越是富得流油，而儲蓄資金越是匱乏的國家，就
越是窮得可憐。

　　如果銀行有儲蓄資金 100 億，那麼它可以把這筆資金放貸到
各種地方。但是如果只有數百萬或者數千萬的資金，只能零散的

圖表 4-1 世界主要金融中心可用儲蓄資金的規模（1873 年）

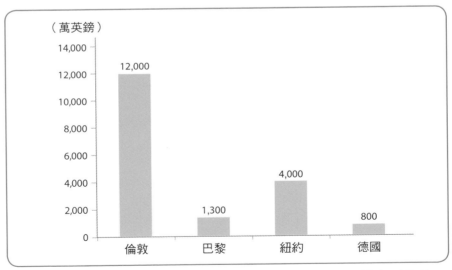

參考資料：《繁榮的背後》（*The Birth of Plenty:How the Prosperity of the Modern World was Created*）。

分攤到不同用途中，那麼這筆錢就發揮不出任何作用，因為誰也找不到錢，錢也不知道應該找誰。

倫敦金融市場所具有的不只是「規模經濟」帶來的益處，因為成功維持了穩定的金本位制[1]，英鎊的信譽度得以提升，全世界的投資者都首選英鎊而不是自己國家的貨幣，使英鎊享有「關鍵貨幣」的地位。

1913 年，在第一次世界大戰前夕，法國銀行保有的黃金價值是 6.78 億美元，美國財政部所保有的黃金價值是 13 億美元，而英格蘭銀行只有 1.65 億美元的黃金，但是它卻遊刃有餘的起著世界金融中心的作用。

像倫敦和紐約這樣的金融中心，就如同海棉一樣會吸納周邊其他金融市場的資本，這對於市場參與者來說是好事。對於德國的克虜伯（按：Krupp，19 到 20 世紀德國工業界的一個顯赫的家族，其家族企業克虜伯公司是德國最大，以鋼鐵業為主的重工業公司）那樣投入巨大的資本，從事煉鋼和機械產業的資本家們來說，倫敦金融市場無疑是老天賜予的禮物。

如果考慮到上述這些背景，就可以充分的理解，當時為什麼沒有幾個人認為 1914 年奧匈帝國皇儲在塞拉耶佛被塞爾維亞民族主義者暗殺，會成為第一次世界大戰的導火線。

整個歐洲都因相互之間的交易而緊緊聯繫在一起。特別是因為英國的金融霸權相當強大，在戰爭爆發的瞬間，敵對國在倫敦

---

[1] 將通貨的價值和黃金價值聯繫起來的貨幣制度，在 19 世紀時以英國為中心逐漸發展起來。

▲圖表 4-2 1914 年 6 月 28 日奧匈帝國皇儲在塞拉耶佛被暗殺。

的資產有著立刻被凍結的危險。

　　其實在第一次世界大戰初期，同盟國並不是沒有獲得勝利的機會。如果在開戰初期德國按照施里芬計畫[2]（Schlieffen plan）占領巴黎，就可以以對自己更為有利的條件簽訂終戰協議。

---

[2] 德國總參謀長施里芬在 1906 年為應對俄國及法國的夾擊提出的作戰計畫。

　　還有如果十月革命沒有發生在 1917 年，而發生在這之前，那麼俄國在早期就只能把投入東部戰線的兵力調回西戰線。

　　但是第一次世界大戰陷入了持久戰的泥坑，德國已經沒有勝算打贏以英國為主導的協約國了。在開戰初期德國可以動用儲備資源用於戰爭，可是過了一、兩年之後資源所剩不多，甚至枯竭，就束手無策了。

　　所有的參戰國在戰爭期間都在不停的發行戰爭債券，並說服從來沒有買過國債的人，此時購買國債才是真正的愛國。協約國也在紐約或倫敦這樣的大型金融市場發行了債券。而德國和奧匈帝國等同盟國，為了籌措戰爭所需要的資金只得向中央銀行借貸。

　　但是中央銀行因為金本位制的施行，不可能發行超過自己所持有貴金屬數量的錢。借給政府的資金最終會重新流入市場，因此 1915 年以後，德國的金本位制已經基本上形同虛設，如果大眾意識到這一點，就很有可能立即狂拋紙幣，換持黃金或者白銀。

02 德國的超級通貨膨脹，造就了希特勒

在這一節我們來集中看一下德國。其實在第一次世界大戰末期，德國並沒有打過足以決定大戰勝負的敗仗，只是因為國家糧食極度匱乏引發了革命，不得不投降。

戰爭結束以後威廉二世（Wilhelm II）亡命荷蘭，導致了德國出現無政府狀態。更為雪上加霜的是，在判定和追究戰爭責任等問題的巴黎和會上，以法國為首的戰勝國向德國索賠 1.32 億黃金馬克（按：德意志帝國在 1873 年到 1914 年期間發行流通的貨幣）的巨額賠償金。而這個賠償金的金額超過德國戰前國內生產總值的 3 倍。

每年要償還的戰爭賠款約占國內生產總值的 10%、整體出口額度的 80%；新生的德國政府註定無法擺脫財政赤字。這麼龐大的財政缺口最好是用民間借貸的方法來解決，可是在第一次世界大戰中，德國政府都到了靠發行中央銀行的債券來籌措戰爭費用的地步，國民對政府的信賴喪失殆盡，所以這個方法是行不通的。加上政府治理能力不足，更難以提高賦稅。

在這種情況下，德國政府唯一能夠採取的方法是超發貨幣，製造通貨膨脹，即在中央銀行不保有黃金的條件下，濫印貨幣，然後用錢去換取黃金，再用這些黃金向法國等戰勝國支付賠償金。

▲圖表 4-3 1919 年《凡爾賽條約》的簽訂場面。第一次世界大戰結束以後，為追究戰爭責任，調整歐洲各國領土以及維護戰後和平，召開了巴黎和會。

當然，這種方法在 1921 年還是行得通的，因為人們不知道政府在幹什麼荒唐的事情，而且物價也不易變動（價格剛性[3]）。工資的調整不是每月或每週一次，而是一年一次，加上企業界認為頻繁掛牌換價格表不僅產生費用也會引起混亂，所以沒有把變動事項立即反映到價格上。

但隨著人們漸漸意識到，國家並不存有足夠的黃金，卻能不

---

[3] 超過需求的貨幣供給，但並沒有影響價格變化的狀況稱為價格剛性（rigidity of price）。

停支付給法國，同時還在不斷的發行貨幣，事態就開始變得嚴重
了。首先察覺到通貨膨脹徵兆的，是擁有眾多貿易網路並精通海
外市場行情的金融業者和企業家們。

如果是各位遇到這種情況會採取怎樣的措施呢？答案很明瞭，
立刻把已經變成廢紙的德國馬克兌換成別的國家的貨幣，如英國
的英鎊或者美國的美元，然後存到海外。從 1920 年開始，德國的
財政赤字嚴重，接著德國馬克匯率開始急速上升。進口物品價格
的上漲毫不意外的引起了整體的物價上漲。

1922 年以後，德國出現了每月物價變化率達到 50％的現象。
這就是所謂的「超級通貨膨脹」（見下頁圖表 4-4）。而在辛巴威、
委內瑞拉發生的也是這樣的超級通貨膨脹。

超級通貨膨脹的發生會導致國民對紙幣、還有對中央銀行的
信賴完全崩潰。在物價每月上漲 50％的情況下，最為實惠的方法
是領到工資後立刻換取商品。因此，就會出現所有的人都爭先恐
後的拋出貨幣以換取商品的情景。

在這種情況下經濟是不可能正常運轉的。1923 年德國的年產
值降到了 1914 年的一半。更為可怕的是，如此嚴重的經濟危機造
成了全社會的心理創傷──錢的價值降低，凡是以錢的形式表現
的財富和固定收入都被視為毫無價值。

當然，在德國發生的超級通貨膨脹並沒有降低海外債券，即
用英國英鎊或美國美元發行的債券的價值。馬克對英鎊或美元的
匯率也急劇上升，所以外債的償還負擔與通貨膨脹以前相比並沒
有什麼大差別。

但是因為嚴重的通貨膨脹，所有具有固定價格的東西價值都

暴跌了。最大的受害者是那些領取固定養老金維持生計的人，還有那些購買德國政府債券的人，他們大都破產了。而坐擁土地、工廠等實物財產的人，和那些曾經欠錢的債務人倒成了贏家。

　　事實上坐擁實物財產，還跟別人借大錢的經濟主體只有政府和企業。德國的超級通貨膨脹把大多數國民都變成了窮光蛋，卻

圖表 4-4 第一次世界大戰爆發後歐洲主要國家的物價變化率（1941 年為 1）

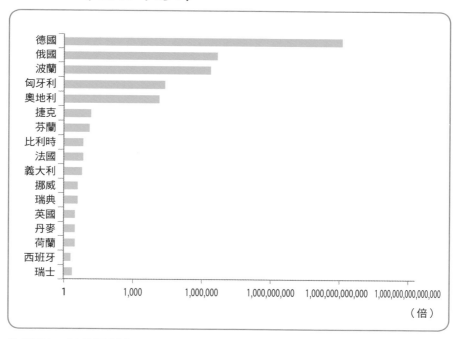

參考資料：《金錢與權力》（*The Cash Nexus: Money and Power in the Modern World*）。
1914 年第一次世界大戰爆發後，歐洲各國備受通貨膨脹的困擾。圖中橫坐標的第一格代表 1,000 倍，第四格代表 1 兆倍。也就是說當時的德國經歷了 1 兆倍以上的物價上漲。這樣的物價飛漲使擁有英鎊、美元或者實物資產的人成為大贏家，而將錢存在銀行的人則損失慘重。

讓國家和企業賺得盆滿缽滿。

這也成了後來以希特勒（Adolf Hitler）為首的極權主義得勢的原因。當然如果沒有發生緊隨其後的大蕭條，也許就不會發生第二次世界大戰。但是隱藏在金本位制內部的不安定因素，終究還是把世界經濟引向了崩潰，進而改變了全世界數十億人的人生。

在下一節我們來看看 1929 年的大蕭條是怎麼發生的。

▲圖表 4-5 1923 年的德國貨幣。

03 1929 年美國股市暴跌，槓桿投資惹的禍

1929 年大蕭條的引爆點是同年 10 月末發生的股價暴跌事件，對此很多經濟學家都無異議。所謂大蕭條指的是從 1929 年到 1933 年發生的歷史性經濟大崩盤。以受到最直接衝擊的美國為例，如果假設 1929 年美國的國民生產毛額為 100 的話，那麼 1933 年該數值縮小到了 73.5。

在短短的四年間，美國的經濟規模萎縮了 26.5％，可想而知其經濟到底遭受了多麼大的打擊。有關 1929 年 10 月發生的股價暴跌事件，經濟學家進行了大範圍的討論。在這裡我無法對所有的觀點進行逐一介紹，只能盡可能簡單、直接的指出股價暴跌的原因。

1929 年 10 月，美國股市崩盤的最直接原因是，在此之前 6 年間股價的暴漲。1920 年，第一次世界大戰剛結束時，美國的標準普爾 500 指數為 6.8，紅利收益率卻達到了 7.3％。而紅利收益率是指對應企業的股價，每股所分到的紅利比例。例如，某股交易價格為 100 美元，每股紅利是 3 美元的話，可以說這個公司的紅利收益率是 3％。

當時美國十年期的國債利率也不過只有 5.4％，所以每股 7.3％的紅利收益率是相當高的。再加上，半導體和汽車等新產品推出

了分期付款的銷售方式，使產品需求暴漲，企業業績得到了很大的改善。股市開始「熱」了。

在這裡舉幾個實例來介紹一下當時證券市場的氛圍。

1929 年夏天，美國記者薩繆爾・克勞瑟（Samuel Crowther）採訪了當時雄踞世界第二名的汽車製造公司「通用汽車」（General Motors）的財務主管約翰・拉斯各布（John Raskob），後者同時也是時任美國民主黨全國委員會委員長。

克勞瑟問拉斯各布，個體投資者如何在股市投資才能使資產增值？拉斯各布回答：「現在的美國經濟正處在巨大的產業膨脹時期，如果每週拿出 15 美元投資到優質股，在 20 年以後可以獲得約八萬美元的財富。」並斷言，所有的投資者都會成為富翁。

不僅是拉斯各布，在經濟危機發生前兩週，也就是 1929 年 10 月 15 日，美國知名的經濟學家費雪（Irving Fisher）教授，在某次的會議上斷言「股市價格就要到達迄今為止從未到達過的、非常高的水準」。

還有，在 1928 年 12 月 4 日，當時的美國總統卡爾文・柯立芝（Calvin Coolidge），在卸任前最後一次演講中也樂觀的說道：「迄今為止，任何政府都沒有見過現在出現的、令人滿意的前景，國內既有和平，也有蓬勃發展的經濟。」

這也不足為奇，1925 年至 1929 年間，美國的工廠數量從 18.4 萬家增加到 20.67 萬家，國內生產總值從 608 億美元漲到 680 億美元。不僅如此，美國的工業生產指數從 1921 年的 67 點一路飆升至 1929 年 6 月的 126 點。

但是股票投資的魅力卻在直線下降。1928 年主要股票的本益

比（PER）上升至 16.3 倍，每股紅利收益率掉到 3.48％。本益比是將股票價格除以每股收益（EPS）得到的比率。例如，股價為 100 美元的股票每股收益為 10 美元的話，那麼這個公司股票的本益比為 10 倍。

可是本益比上升至幾倍代表股價有泡沫，跌到多少是股價被低估，並沒有絕對的衡量標準，但如果與過去的平均水準相比，本益比過高的話，就可以認為股價有泡沫的可能性變大。

如果考慮到從 1871 年到 1920 年，標準普爾 500 指數本益比平均為 14.9 倍，那麼就可以認為 1928 年的美國股市是已經被高估了（1929 年 10 月初的股價最高點比 1928 年的平均股價上升了 30％）。

當股票市場正熱門時，會開始出現幾個危險的信號。首先是從未涉足股市的人們開始參與股市，其次是越來越多的人開始靠借貸擴大投資規模（見下頁圖表 4-6），也就是「槓桿投資」。

關於槓桿投資在這裡談兩句。假如一位有 10 萬美元的投資者舉債兩倍於本金投資，那麼他的投資總額是本金 10 萬美元加借款 20 萬美元共 30 萬美元。（為了便於計算，暫定借款利息為 10％。）如果他投資的股票年漲幅為 20％的話，那他的股票投資等於賺到了 6 萬美元，即使考慮到債務的利息，對比本金，投資收益率也有 40％。可見，負債給投資者帶來了投資收益率的大幅增加。

但是如果股價開始下跌，槓桿投資就會引發嚴重的問題。如果股價在一年內下跌了 30％，那麼他的總投資額（30 萬美元）將縮水為 21 萬美元，而投資的本金就只剩下 1 萬美元。如果再考慮

借款利息 2 萬美元，那麼他的淨資產就變成負 1 萬美元。

　　當然，放貸給他的金融機構不會對此坐視不管。當股票跌到不能償還債務的程度時就會發出「追繳保證金通知」（Margin Call），意思如同字面所述，是「如果不追加擔保股票或者存款的話，將強制售賣股票收回貸款」的通報電話。因此，在槓桿投資迅速增加的情況下，如果股票開始下跌，就會發生惡性循環。

圖表 4-6 1924 年至 1929 年證券相關貸款的情況

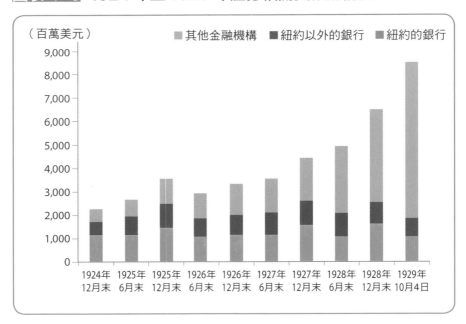

資料來源：《熊市》（러셀 내피어 , 베어 마켓）。
可以發現，越是接近 1929 年，「其他金融機構」的貸款數額就越是急劇增加。在這裡，「其他金融機構」是指信託公司等各類金融機構。1907 年在美國發生的大部分金融危機，都是由這些其他金融機構不能按時回收證券貸款導致破產而引起的。

　　這樣的事情大規模的發生在 1929 年的美國股票市場。在 1924 年末，槓桿投資的規模約為 22.3 億美元，但到了 1927 年末，這個數字達到了 44.3 億美元。而到了 1929 年的 10 月 4 日，即大蕭條前夕，槓桿投資的規模達到了 85 億美元。

　　股票市場有句話說「漲得有多高，跌得就有多狠」，1929 年 10 月的股市也驗證了這句話。在投資新手比例大幅提高，而投資魅力在逐漸減弱的情況下，市場利息的提高給了股票市場致命的打擊。

　　至於市場利率上升的原因，我們將在下一節說明，首先來研究槓桿投資大幅增加的情況下，市場利率上升會導致的兩種情況。

　　第一種情況是，**貸款利率的上升會直接導致投資收益的惡化**；第二種情況是，一部分股票投資者認為貸款利率上升使債券投資勝過股票投資，因而**為了償還債務開始拋售持有的股票**。

　　這裡特別值得注意的是，當時的紐約聯邦儲備銀行（Federal Reserve Bank of New York）的「重貼現率」從 1928 年 2 月的 3.5% 提高到了 1929 年 8 月的 6.0%。這裡所說的重貼現率，指的是中央銀行放貸給民間銀行的利率。如果各銀行從中央銀行借貸的利率上升，那麼各銀行放貸給顧客的利率也必然會上升。

　　結果就是，銀行間在市場交易的短期利率，即隔夜拆款利率（Overnight Rate）也會開始急速上漲。1928 年 1 月的隔夜拆款利率約為 4.24%，但到了 1929 年 7 月已經上漲到 9.23%。

　　在下一節，讓我們詳細研究誘發大蕭條的紐約聯邦儲備銀行利率上調政策，是在什麼樣的背景下實施的。

04 金本位制，限制了中央銀行的作用

　　上一節我們提到了紐約聯邦儲備銀行提高利率，誘發了股票市場的崩盤。那麼紐約聯邦儲備銀行為什麼要提高利率？這裡需要說明兩點。第一是因為金本位制（見下頁圖表 4-7）。

　　先簡短的來談一談金本位制的結構。假如某一個國家的消費增加，導致這個國家從另一個國家大量進口產品，引發了貿易收支的惡化，其結果必然是黃金的流出，即貨幣供給減少。

　　通貨供給的減少使利率上漲，這會直接導致整體經濟需求萎縮。當然，如果在這個過程中國家對海外產品的需求下降了，而且貿易收支有所改善的話，可以重新增加貨幣供應，下調市場利率，以此給經濟增加活力。

　　在金本位制的體制下，中央銀行的作用大概只限於兩個方面。其一是發行可信賴的貨幣，即通行貨幣，以減小金屬貨幣的不確定性影響，這是最重要的作用。其二是在經濟受到衝擊時發揮作為最後放貸者的作用，這一點我們將在下一節詳細論述。

　　當時世界各國的中央銀行都沒有發揮這第二個作用，這對世界經濟危機的爆發有著不可忽視的影響。

　　現在我們回到 1926 年來看看英國。當時的英國雖然打贏了第一次世界大戰，但是還沒法享受勝利帶來的喜悅。在第四章第二

圖表 4-7 美國聯邦準備系統（Federal Reserve System，簡稱美聯準）保有的黃金儲備量

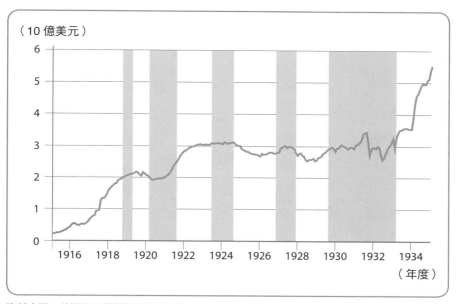

資料來源：美國聖路易斯聯邦儲備銀行。
注：陰影部分為美國全國經濟研究所判定的經濟疲軟時期。
金本位制度時期各國的中央銀行都保有黃金，並以黃金為基礎發行貨幣，所以黃金的流出會導致貨幣供給的減少，反之，貨幣供給會增加。1929 年的大蕭條發生以後，美國的黃金保有量沒有減少，直到 1933 年，美國拋棄了金本位制，才出現了黃金流出的現象。

節我們提到了德國經歷的超級通貨膨脹，這一通貨膨脹使德國經濟崩潰，英國無法得到戰爭賠款。不僅如此，戰爭還帶來了巨大的人口損失。

　　而在英國陷入困境時，美國伸出了援手。1927 年，聯準會在收取英格蘭銀行 1,200 萬英鎊的同時，向英格蘭銀行提供了自己所保有的黃金，為了改善英國經常性收支不平衡的狀況，還採取了

下調利率、擴大貨幣供給等刺激經濟的政策。雖然現在我們很難理解當時美國的做法，不過當時的美國和英國可說是鮮血凝成的同盟關係，所以此舉也算有些許道理。

但是 1927 年的利率下調和貨幣供給擴大，導致了美國股市的泡沫，美國聯邦準備理事會（Board of Governors of the Federal Reserve System，簡稱聯準會）從 1928 年夏天開始停止對商業銀行提供資金，同時上調利率。可是該政策卻在短時期內引發了更大的負面效應。

因為維持著金本位制，國家之間的匯率是固定的，在這種情況下如果一個國家提高利率，就勢必會引起外部資金的流入。

資金流向美國，使澳洲和阿根廷等一些對海外資本依存度較

▲圖表 4-8 位於華盛頓特區的美國聯邦準備理事會。

高的新興國家經濟造成了很大的打擊。稍微了解一下 1929 年前後美國的黃金儲備情況就不難看出，在 1928 年美國聯準會提高利率後，美國的黃金保有量實際上提高了。也就是說，雖然利率上調了，但是由於海外資金的進入，美國幾乎沒有發生緊縮現象。

但是聯準會已經抱定堅決打破股票市場泡沫的決心，所以並沒有減緩上調利率的速度。當時聯準會非常傾向於「清算主義」（Liquidation Theory），從當時胡佛總統時期（Herbert Hoover，1929 年至 1933 年在任）的財政部長梅隆（Andrew Mellon）的發言「清算勞動、清算股票、清算農夫、清算房地產」中，就可以看出這個「清算主義」到底是什麼。

他們認為應該清算各個經濟領域中存在的泡沫，這就需要那些主張革新的人們上臺，收拾那些軟弱政客弄出來的爛攤子。

清算主義者們認為 1920 年代美國的經濟過於繁榮了：經濟膨脹過快、經濟增長過多、信用被揮霍浪費、股價暴漲。既然經歷了這種過剩時期，現在需要的就是緊縮，即需要導正所有過剩的情形。

這種論調得到了當時多數人的認可，這就是上調利率的第二個原因。當然，大蕭條的發生也使清算主義者們的主張得到了實現。

1929 年 10 月，美國股市爆發金融恐慌，槓桿投資者接連破產，給予他們貸款的金融機構也隨之連續虧損，這一切已經超出股市範圍，開始給整體經濟帶來嚴重的打擊。

當時最具指標性的股價指數道瓊工業平均指數（Dow Jones Industrial Average，即道瓊指數），在 1929 年 10 月 28 日僅一天內就下跌了 38.33 點（－ 12.8％），緊接著在 29 日又下跌了 30.57 點

（－ 12.7％），也就是說，在僅僅兩天時間內，道瓊指數就下挫了約 24％（見圖表 4-9）。

但是面對股市市場的崩潰和工業生產總值的急劇減少，當時聯準會和政府決策者們的反應與行動卻是既緩慢又遲鈍。下一節我們一起來看看美國的決策者們犯了哪些錯誤。

圖表 4-9 1929 年前後美國道瓊指數的走勢

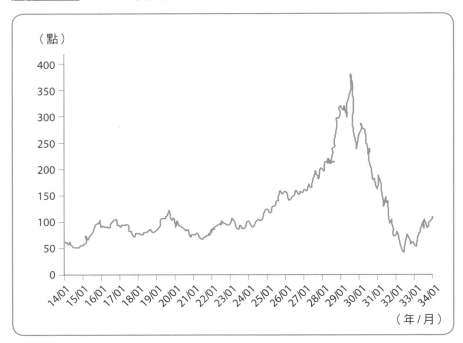

資料來源：彭博社
1921 年 6 月道瓊指數為 68 點左右，到了 1929 年 8 月該數值急升到了 380 點，但是從 9 月開始轉頭向下。1929 年 10 月暴跌後，一直到 1932 年 5 月，道瓊指數經歷了漫長的下滑時期。

05 股價暴跌的應對方法，下調利率

　　1929 年末，股價的暴跌使很多槓桿投資者瞬間失去了投資本金，給他們貸款的金融機構也接連遭遇危機，面對這樣的局面，決策當局該採取怎樣的行動，才能夠避免經濟危機的發生？

　　當時的首選應該是下調利率。1928 年 7 月，美國聯邦公開市場委員會（按：Federal Open Market Committee，屬於美國聯邦準備系統，負責進行公開市場操作，簡稱 FOMC）曾受到相關人員的警告：「如果高利率再持續下去，從現在起 6 個月到 1 年之內經濟狀況皆會受到影響。」

　　在聯準會內部，特別是紐約聯邦儲備銀行已經做好了應對股價發生暴跌的準備。紐約聯邦儲備銀行採取了公開市場操作的政策，在 1929 年 10 月到 11 月間把政府證券的持有量增加了兩倍。

　　這裡所說的「公開市場操作」，指的是中央銀行為了調節通貨供給而介入債券市場的措施。紐約聯邦儲備銀行開始購入債券，那麼曾經持有債券的人會得到現金，其結果當然是利率的下降（見下頁圖表 4-10）。

　　但這個措施受到了聯準會的強烈抵制。當時的紐約聯邦儲備銀行行長喬治‧哈里森（George L. Harrison）主張，「在 10 月分這樣的特殊狀況下，個別儲備銀行的理事有自行判斷和決定的權力」。

　　但是聯準會則判定，紐約聯邦儲備銀行違背了「貨幣政策的最終決定權在於華盛頓」的準則。結果，紐約聯邦儲備銀行在 11 月初迫於聯準會的壓力，停止了公開市場操作。

　　當時聯準會採取這樣的強硬態度，跟聯準會的主要成員傾向於「清算主義」有很大關係。當然也不要忘記，當時支配世界金融體系的金本位制枷鎖，也產生了很大影響。

圖表 4-10 1925 年至 1940 年，美國紐約聯邦儲備銀行重貼現率變化趨勢

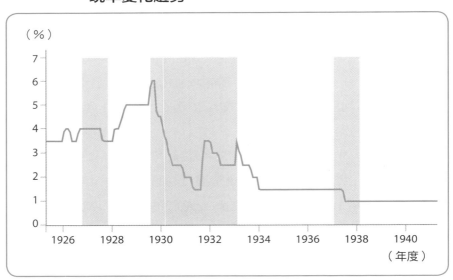

資料來源：美國聖路易斯聯邦儲備銀行。
注：陰影部分為美國全國經濟研究所判定的經濟疲軟時期。
中央銀行經常在市場購買票據或債券，此時是以加上一定貼現率的方式購買。因為購買票據或債券意味著中央銀行向這些票據或債券持有者提供貸款，所以在這些票據或債券到期之前加一定的利息是合理的。
當中央銀行想減少通貨供給時會提高貼現率，這時票據或債券持有者則不願意把自己的票據或債券賣給中央銀行，導致市場的貨幣供應量不足。反之，中央銀行下調貼現率時，票據或債券持有者就想盡量多賣出自己的票據或債券。

　　先有股價暴跌事件使經濟需求萎縮，後有隨之而來整體經濟的物價下跌，終於導致了經濟增長率下降。在這種情況下政府所能採取的最恰當對策，應該是擴大財政支出，擴大貨幣供應。

　　但是如果政府這麼做的話，可能會引發與 1928 年利率上調以後曾發生的問題，截然相反的狀況。1928 年為了控制股票市場的泡沫，政府提高了利率，結果吸引了海外資金，這些資金湧入股票市場，增加了股票市場的流動性。

　　如果現在逆向操作，為了刺激經濟下調利率，資金就有可能流出美國。而且，如果政府擴大財政支出，導致進口額增長，也會發生同樣的現象。因此，只要政府致力於維護金本位制——只能發行和政府保有黃金量相當的貨幣，那麼聯準會能起的作用就很有限。

　　當然，黃金大量流出的情況最終還是沒有發生，美國的貿易收支依舊是順差。雖然在貿易收支上發生過一次逆差，但是美國始終維持了相對較高的利率，很多投資者在經濟不穩定時，都將美元首選較為安全的貨幣，所以美國的黃金儲備量始終沒有減少。

　　可以認為，最終成為罪魁禍首的，是政府必須守護金本位制的義務感和責任感，受困於此，政府未能及時採取積極的應對策略。

　　在這裡可能會有人產生疑問，在 1929 年之前也不是沒有發生過股市價格暴跌引起經濟蕭條的狀況，但為什麼唯獨在 1929 年導致了經濟和證券市場的全盤崩潰？

　　股市價格的暴跌規模巨大應該是最大的因素，但是聯準會應對政策的失敗也該被視為主要原因。正如第四章第二節所指出的，眾多投資者為了發財不惜冒險，靠借貸進行投資，卻遭到了巨大

損失，而且這一損失又直接轉嫁給放貸金融機構，使它們也面臨
重大危機，此時聯準會所採取的做法卻是無視、放任。下一節我
們再仔細研究一下這個問題。

06 銀行危機引發了金融恐慌

　　眾多的經濟學家都在探討，1929 年股價暴跌事件導致大蕭條的原因。大家所公認的主要原因是金本位制和抱持「清算主義」態度的政府。不過，除了這兩個原因以外還有一個因素，那就是**政府對銀行危機所採取的錯誤對策**。

　　下頁圖表 4-11 顯示的是大蕭條前後倒閉的銀行數量。倒閉的銀行在 1929 年是 976 家，1930 年是 1,350 家，到了 1933 年驟增至 4,000 家。但是相比於銀行的倒閉數量，更成問題的是這些倒閉銀行的平均儲蓄規模增加了。

　　也就是說，危機已從小型銀行蔓延到大型銀行，從個別銀行擴散到整個金融系統，情況迅速惡化。特別是在 1930 年 11 月發生的考德威爾集團（Caldwell Group）破產，給整體經濟帶來了巨大的負面影響。考德威爾集團是在美國南部幾個州對銀行、保險公司、證券公司等進行投資的金融王國，破產時的資產總規模高達 5 億美元。

　　遇到這種情況應該採取怎樣的對策呢？最好的方法應該是**引入「存款保險」制度**。但是如同前文所提到的，當時深陷「清算主義」的胡佛政府根本不可能推行這一政策。現在所剩唯一的解決辦法是中央銀行的介入，以及中央銀行承擔最終放貸者的角色。

　　最終放貸者的職能就是，當儲戶們的提款要求使銀行面臨破產危機時，由中央銀行向銀行提供緊急資金。當然這不是提供信用貸款，而是以銀行的資產為擔保，以高利率向處於擠兌危機的銀行提供貸款。

　　因為這是以銀行持有的貸款或者債券為擔保，所以中央銀行受損的可能性近乎為零。實際上在 2008 年全球金融危機時，聯準會也透過緊急貸款獲取了相當大數額的經濟效益。

　　但是當時的聯準會放任了銀行的破產，因為此時奉行的準則也是金本位制。聯準會的顧慮是，如果為了幫助銀行而提供緊急

圖表 4-11 1921 年至 1936 年美國銀行破產數量和儲蓄規模

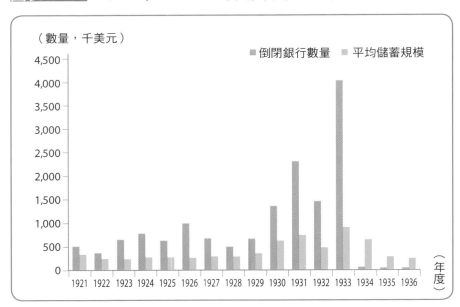

資料來源：《1930 年代大蕭條研究》（양동휴 , 1930 년대 세계 대공황 연구）。

▲圖表 4-12 1930 年代美國露宿街頭者搭建的棚戶區。當時因大蕭條美國全境出現了數千處棚戶區，居住者達數十萬。時任總統胡佛被譴責應為大蕭條負責，因此這些棚戶區被稱為「胡佛村」。

貸款，利率會下降，而利率的下降會導致黃金流出。結果，當時聯準會不僅沒有下調利率，反而在 1931 年末還調高了紐約聯邦儲備銀行的重貼現率。

　　按照當時的情況，即便是採取寬鬆的貨幣政策和擴張的財政政策，也未必能夠挽救所有的金融機構，在如此嚴峻的態勢下，美國政府反而採取了提高利率等緊縮的貨幣政策，這使美國經濟陷入了難以挽回的糟糕境地。

　　最為關鍵的問題就是貨幣供給的急劇減少。聯準會只關注了

黃金的海外流出，沒有注意到因為銀行破產導致的放貸規模大幅減少。

1929 年下半年，美國銀行的貸款金額為 418.6 億美元，可到了 1930 年末減少到 380.5 億美元，在經濟危機最為嚴重的 1933 年初，貸款金額只剩 222.4 億美元。

當然這些銀行也並不是心懷惡意的進行貸款回收。當銀行發生擠兌的情況，大部分存款被提取，銀行為了保證現金儲備，會採取回收貸款、出售持有的債券或股票的措施。

但是當銀行開始回收貸款，很多用貸款購入廠房或者機械設備的公司就會陷入困境。這種情況下，對公司來說，唯一的方法就是「出售固定資產」。

但是 1929 年至 1933 年對企業來說，是出售固定資產最為不利的時期。貨幣供給減少導致整體經濟的不景氣，由此引發了嚴重的通貨緊縮。這裡所說的通貨緊縮是和通貨膨脹相反的情況，就像發生在 15 世紀的歐洲和 3 世紀的中國那樣，「貨幣價值上升」的現象。

如果發生通貨緊縮，擁有固定資產的人就會陷入困境，但是那些擁有現金，特別是擁有以黃金為主的貴金屬的人則會獲得巨大的利益。

為什麼會發生這種現象？這種現象會帶來什麼樣的後果？我們在下一節仔細探討一下。

07 減少財政支出，會引發更嚴重的經濟蕭條

　　設想一下，有一家能生產價值 20 萬美元農作物的農場 A。農場 A 擁有能生產 20 萬美元農作物的土地和農業機械，農場的銀行貸款是 10 萬美元，年利率為 5％。在這種條件下如果突然出現通貨緊縮會發生什麼事情？

　　若 A 農場生產的玉米或者小麥的價格開始以 5％、甚至 10％ 的幅度下跌的話，銷量也只能下降。在這過程中需要支付的實際利息也增加了。

　　如果物價的年增長率為 5％，那麼需要支付的利息可以說是 0％，但是如果物價下跌 10％，那麼農場實際上需要支付的利息是 15％ 以上。經營壓力和償還貸款的壓力也必定隨之增加。

　　在農產品價格大跌的大環境下，農場、農業機械這些東西的價格怎麼可能保持穩定呢？結果，就像美國作家約翰・史坦貝克（John Steinbeck）的名作《憤怒的葡萄》（*The Grapes of Wrath*，或譯《怒之華》）裡的主角們一樣，A 農場主也許逃脫不了，只能背井離鄉，絕望的遠走他鄉。

　　1929 年至 1933 年間，在當時美國經濟危機的大背景下真的發生過這樣的事情。1929 年的美國消費者物價指數為 17.3，可到了 1930 年末，該指數下降至 16.1，到了 1933 年 5 月更是下滑到了

12.6。也就是說，在短短的三年時間內，美國的物價就下跌了 27%
以上（見圖表 4-13）。

　　就像在第四章第五節中提到的一樣，銀行的連續破產誘發了
通貨緊縮。在 1933 年一年就有 4,000 家銀行破產的情況下，人們
爭先恐後湧向銀行提取存款，曾存在銀行的資金零星的分散到千
家萬戶，於是在整體經濟中可周轉的貨幣量就開始變得更少了。

圖表 4-13 1913 年至 1950 年美國消費者物價指數走勢

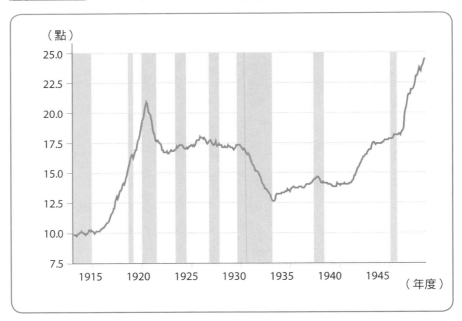

資料來源：美國聖路易斯聯邦儲備銀行。
注：陰影部分為美國全國經濟研究所判定的經濟疲軟時期。
在 1971 年美國總統尼克森宣布中止兌換黃金之前，通貨膨脹的壓力只在戰爭期間上升，而遇
到經濟疲軟（陰影部分）時期則會毫無懸念的出現通貨緊縮，特別是在 1929 年大蕭條開始之
後，消費者物價指數幾乎下跌了 27%，對整體經濟造成了嚴重衝擊。

▲圖表 4-14 廢除了金本位制，並實施
大規模金融改革的小羅斯福總統。

　　1933 年小羅斯福政府（Franklin Roosevelt，1933 年至 1945 年
在任）上臺，廢除了金本位制，開始實施包括「存款保險」制度
在內，大規模的金融改革，阻止了經濟危機進一步惡化。

　　雖然一直到 1933 年初聯準會還在提高利率，但在金本位制被
廢止以後就開始下調重貼現率，並向資本市場供給貨幣，通貨緊
縮才得以結束。

　　可是即使是採取了這樣的措施，美國經濟也沒馬上恢復元氣，
1929 年至 1933 年間美國經濟所受到的衝擊實在是太大了。在前文
提到的小說《憤怒的葡萄》裡，遷徙到西部的主角一家東山再起
的可能性也應該是微乎其微，因為利息下調和「存款保險」制度
來得太遲了。

　　而更為嚴重的問題是小羅斯福政府的財政政策。在 1933 年小羅斯福執政以後，依然執著於「健全的財政」。

　　從 1932 年開始，美國的財政赤字就逐漸擴大，這不是因為財政支出的增加，而是因為財政收入的急劇減少。也就是說，由於經濟危機，企業紛紛破產，因此，政府無法正常收稅。

　　1937 年，小羅斯福政府為了達到財政收支平衡硬是減少了財政支出，結果也引發了嚴重的經濟蕭條。1937 年的財政緊縮，不僅顯示出了小羅斯福政府的無力，也使人切身感受到從 1929 年開始的大蕭條，令內需枯竭到什麼程度。

　　而美國的人均可支配收入（從收入中減去賦稅等項目以後的額度）恢復到 1929 年的水準，則要等到 1939 年，也就是第二次世界大戰爆發以後了。

　　在這裡也許有人會問：在美國如此飽受煎熬的時候，德國為什麼能夠一路凱歌？讓我們在下一節一起探究其答案。

08 拋棄金本位制，德國才能夠迅速崛起

以 1939 年德國進攻波蘭為起點的第二次世界大戰，造成了平民和軍人合計死亡約 4,700 萬人，也是人類歷史上最為慘烈的戰爭。當時的德國和傳統的陸軍強國法國及蘇聯相比，一直占據了壓倒性的優勢，至少在供給不短缺的情況下，一直給人以一種戰無不勝的印象。

1923 年的超級通貨膨脹，還有此後發生的大蕭條使德國經濟完全崩潰，那為什麼他們還能夠培育出如此強大的軍隊？

答案就在於他們拋棄了金本位制。1931 年 8 月，德國先於其他國家擺脫了金本位制，得益於此，1933 年德國的重貼現率從 7%降到 4%，德國國內的信用狀況迅速改善。1929 年 6 月，第一次世界大戰的戰勝國商定，戰敗國德國可以在能力範圍之內支付戰爭賠款，這也有助於德國經濟的復甦。

也有人分析，1933 年希特勒執政以後，推行積極的財政政策起到了正面作用，但是從第 163 頁圖表 4-16 中可以明顯看出，希特勒執政以後，公共支出在國民生產毛額中所占比重並沒有什麼增長。

也就是說，希特勒之所以能夠獲得「挽救了德國經濟」的評價，其實是因為在他上任之前就施行的下調利率、擴大財政支出

▲圖表 4-15 阿道夫・希特勒。

的政策效果，剛好在執政時期顯現出來了而已。

　　德國的失業率在 1932 年曾高達 43.8％，但是在採取積極的財
政政策後，失業率在 1933 年降至 36.2％，而到了 1934 年更是驟
降到 20.5％。因此如果經濟恢復是拜希特勒所賜的話，失業率的
下降應該在 1934 年以後才能明確顯現（見第 164 頁圖表 4-17）。

　　美國在 1933 年 4 月廢除金本位制並下調利率，因此從 1934
年開始失業率才有所下降，而英國在 1931 年就廢除了金本位制，
並積極推行擴大貨幣供應的政策，所以到 1932 年失業率就開始下
降了。

　　由此可見，德國的失業率相比其他先進國家迅速的下降，幫
希特勒提高了威望。

　　從這一點看，可以說希特勒的「成功」有很多運氣的成分。
也可以說，希特勒特別善於包裝自己。當然不可否認，1936 年在
柏林召開的奧林匹克運動會，以及不限速的高速公路建設等積極
基礎設施投資，對德國失業率的迅速下降起到了很大的作用。

　　但是德國的經濟竟然發展到從 1936 年開始，就可以大規模的
再一次武裝軍隊，接著不到三年後就悍然發動第二次世界大戰的
水準，這和 1932 年開始施行的刺激內需政策是分不開的。

圖表 4-16 德國政府公共和軍費支出占國民生產毛額（GNP）的比例

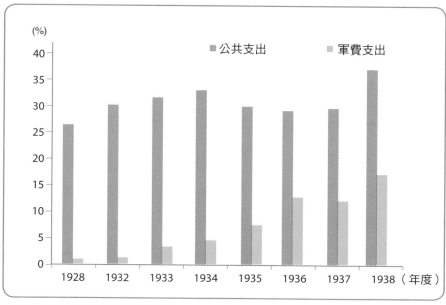

資料來源：《1930 年代大蕭條研究》。
1933 年在希特勒掌權之前，政府在公共和軍費支出上的投入已經有了大規模的增長。毫無疑
問，從 1934 年開始急速增長的軍費支出成了刺激德國經濟的「一等功臣」。希特勒掌權之後
開始的德國經濟復甦，其實歸功於在此之前政府脫離金本位制以及財政支出的擴大。

　　對很多經歷經濟危機的國家來說，這可以說是一個重要的、可借鑑的經驗，也成了一個典型的實例：哪怕是遇到嚴重的經濟危機，只要實行擴張的財政政策，就能夠擺脫經濟危機帶來的惡性循環，還能使經濟實現強勁增長。

　　接下來的第五章，我們談談 1971 年尼克森政府對國際貨幣體系改革之後，開始的新的世界經濟和金融市場環境。

圖表 4-17 1927 年至 1938 年世界主要國家失業率的變化趨勢

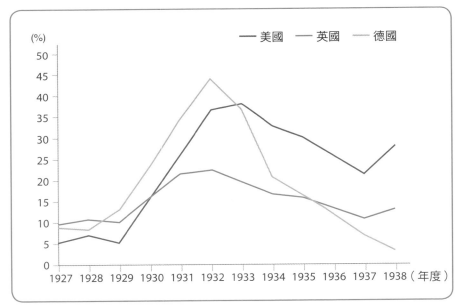

資料來源：《1930 年代大蕭條研究》。
上圖顯示了美國、英國和德國在 1927 年以後失業率出現的變化。失業率下降的順序為英國、德國、美國。這是因為它們脫離金本位制的時機不同。英國在 1931 年第一個廢除了金本位制，德國和美國緊隨其後。三個國家都在廢除金本位制之後，立刻下調利率，擴大貨幣供給，使失業率急速下降。

09 經濟蕭條露出端倪時，一定要果斷行動

第四章給我們的啟示是很明確的，那就是遇到經濟蕭條時一定要果斷的行動。哪怕會產生一定的負面效應，也要在經濟蕭條誘發無休止的惡性循環之前採取行動。對此最活學活用的正是聯準會。

2008 年雷曼兄弟的破產引發金融恐慌，銀行擠兌再次發生，聯準會毫不猶豫的採取了應對措施。

從下頁圖表 4-18 可以看出，美央行的資產持有規模在 2008 年末急速增長。這是因為聯準會不僅下調了利率，而且在金融市場直接購買債券使利率下降，並大量供應貨幣，施行了所謂「量化寬鬆」的政策。

當然，僅憑這一政策並不能擺脫 2008 年的全球金融危機。在 2009 年 3 月召開的 G20 峰會上，與會國家達成了同時擴大財政支出的協議，這也起到了很大的作用。

但是歐洲中央銀行對購入資產表現得不那麼積極，2012 年到 2014 年間，歐洲中央銀行採取了貨幣緊縮政策，大幅減少所持有的資產，從而引發了希臘試圖脫離歐元區等諸多問題。

圖表 **4-18** 美央行資產規模（百萬美元）和歐洲中央銀行資產
規模（百萬歐元）的變化趨勢

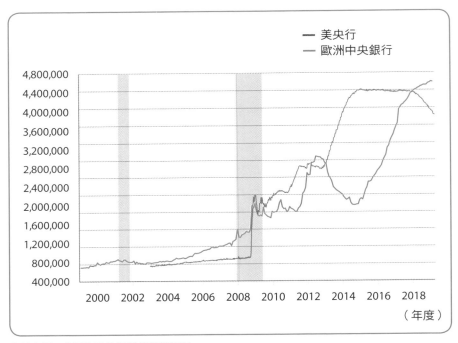

資料來源：美國聖路易斯聯邦儲備銀行。

注：陰影部分為美國全國經濟研究所判定的經濟疲軟時期。

全球金融危機爆發時，美國和歐洲中央銀行都大規模的增加了資產儲備量，但是到了 2012 年
前後，兩個中央銀行政策基調的變化反映在了資產增長率的差距上。（從 2012 年到 2018 年美
央行的資產總額年平均增長率為 2.3%，而同期歐洲中央銀行的資產總額的增長率為 1.2%。）

5

金本位制崩塌以後，
美元主導的世界

01 以「世界警察」自居的美國，憑什麼？

　　1944 年 7 月 1 日，第二次世界大戰結束前夕，由 44 個國家代表在美國召開了國際貨幣金融會議，也就是布列敦森林會議（Bretton Woods Conference），正式名稱為聯合國貨幣金融會議（United Nations Monetary and Financial Conference）。

　　各國代表們就戰後如何營運全球金融體系，展開了激烈的爭論。最終討論形成的布列敦森林體系還是按美國的主張，回歸到固定匯率制度，而不是浮動匯率制度。在這裡簡單說明一下浮動匯率制度。浮動匯率是指根據外匯市場的供需決定匯率的一種制度，而與之對應的固定匯率制度則像金本位制那樣，是由政府對特定貴金屬或者貨幣統一規定匯率的制度。當然布列敦森林體系並不是完完全全的金本位制。體系規定 1 盎司黃金兌換 35 美元，而其他國家則自行規定本國貨幣對美元的匯率。

　　同時為了吸取 1930 年代金本位制崩塌的教訓，會議還宣布成立了國際貨幣基金組織（IMF）。其原則是，在會員國陷入一時的國際收支不平衡，而無法維持固定匯率制度時給予支援。

　　在布列敦森林會議上約定的不只是固定匯率制度的回歸，還有美國霸權地位的確立。美國在會議上承諾將開放其市場，同時保障世界貿易的通暢。

美國的做法讓人詫異，但凡掌握世界經濟霸權的國家，一般都熱衷於搶占別國的領土或者擴大殖民地，以確保自己「可以獨占市場」。英國就是這方面的典型。如果沒有那樣的利益保證，保障世界貿易通暢的費用從哪裡來？

1815 年擊敗了拿破崙的軍隊之後，英國登上了世界霸主的位置，但它為了保障世界貿易的暢通，不得不投入數額相當大的資金。英國也建立了龐大的護送船隊，用來保護英國通向印度和北美的航路。

一般情況下是 200 艘，有時候則會到達 500 艘商船，集結在港口出航，在危險海域這些商船會受到英國戰艦的護衛。當然當時的英國也在結束拿破崙戰爭之後主導了維也納會議，打好了推進世界殖民地建設的基礎，也以此撈取了為保障世界貿易暢通所需的費用。

反觀第二次世界大戰以後的美國，其採取了截然相反的態度，不僅向別的國家開放了自己的市場，而且還主動承擔維護世界貿易暢通的巨大費用。美國為什麼會做出這樣的選擇？其原因有兩個。

一是蘇聯紅軍裝甲部隊的威脅，其在史達林格勒戰役中殲滅了德國軍隊，也在中國消滅了日本關東軍；對歐洲以及東亞來說，蘇聯都是巨大的威脅，美國難以親自出馬與之針鋒相對，在經濟上也不划算。

冥思苦想之後美國便決定，培植像德國和日本這樣的第二次世界大戰時的敵對國為友邦，不僅向它們開放美國市場，還透過馬歇爾計畫（The Marshall plan，見下頁圖表 5-1）[1] 提供其恢復經濟所需的資金，以此建造了應對蘇聯威脅的防波堤。

▲圖表 5-1 馬歇爾計畫標誌：
美國為歐洲復興提供的援助。

　　第二個原因則是為了自己國家的利益：**保障世界貿易的暢通也符合美國經濟發展的利益走向。**

　　為適應蓬勃發展的石油時代，保障從中東到美國及歐洲的石油運輸管道的暢通，非常有助於美國經濟發展。特別是從艾森豪（Dwight David Eisenhower，1953 年至 1961 年在任）總統時期開始，建設各州之間的高速公路網大幅度的增加了石油消耗，使美國逐漸轉化為石油純進口國。考慮到這一點，可以說石油運輸通道是美國經濟增長的生命線。

　　美國的政策對於有出口能力的國家來說猶如福音，因為它們沒有必要像以前那樣增強軍事力量，去管理那些可以銷售自己商品的殖民地，也沒有必要支付龐大的費用來維護運輸通道。

---

[1]1947 年美國國務卿馬歇爾提議的美國對西歐各國的援助計畫。

　　而且，與其賣貨給那些沒有購買能力的第三世界國家和殖民地，不如賣給世界上最富有的國家更有賺頭。借助於美國對運輸通道的保護，一直到 1960 年末，原材料價格始終保持穩定。

　　得益於此，世界經濟開始進入了高速增長期。圖表 5-2 顯示的是 1945 年以後，美國、德國、日本的人均國內生產總值。可以看

圖表 5-2 1945 年以後美國、德國、日本人均收入的變化情況

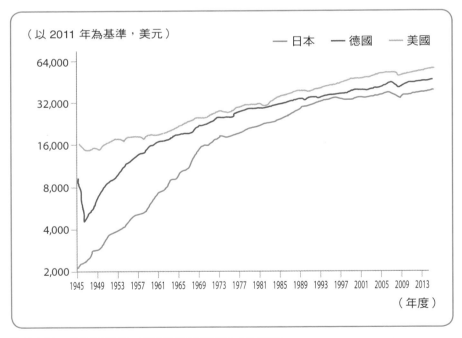

資料來源：〈麥迪遜計畫：關於歷史國民核算的合作研究〉。
1945 年第二次世界大戰結束以後，經濟飛速增長的竟然是日本和德國。戰敗之後這兩個國家成為一片廢墟，可是美國大規模的經濟援助和戰爭（特別是朝鮮戰爭），給了它們經濟迅速崛起的機會。當然，當這兩個國家進入了已開發國家的行列，人均收入達到美國的 80% 以後，就再也難以繼續縮小和美國的差距了。

出 1960 年代之後，美國和戰敗國（德國、日本）的收入水準就相差不大了。

　　如此夢幻般美妙的體系也有一個問題，那就是美國的經常帳（按：指在國際收支平衡表中貿易和服務而產生的資金流動、又稱經常收支、經常項目）長期赤字。發生這種現象有兩個原因，首先是因為相對於其他國家的貨幣，美元的價值被高估了。第二次世界大戰以前 1 英鎊可兌換 5 美元，二戰剛結束時 1 英鎊可兌換 3.6 美元，到了 1950 年兌換比率更是跌至 1：2.8。這使美國人感覺到了進口商品的魅力。

　　還有一個原因是德國和日本等二戰戰敗國經濟的急速增長。從國民的人均收入中，可以看出戰敗國在以驚人的速度趕超美國。特別是德國的汽車產業和機械產業，還有日本的電子產品產業和造船產業，已形成專業化生產，打入美國巨大的消費市場。

　　當然美國產的產品還是具有一定優勢，可是價格過於昂貴，加上戰敗國為了保護自己國家的產業築起了關稅壁壘，所以美國的對外出口額難以增長。

　　結果，美元不停從美國外流，而且因為當時實行的是固定匯率制度，所以匯率得不到調整，美國的經常帳狀況越來越惡化。同時對這種現象感到不滿的國家也越來越多，最先提出異議的是法國。

　　在下一節我們來看看美元的危機。

02 狂印美鈔，都是為了發展世界經濟

1945 年到 1960 年間，世界經濟發展出現了歷史上少見的強勁勢頭。經濟能在如此長時間內保持強勁發展，是因為已開發國家追隨了美國所經歷的「消費時代」。

以電視機、洗衣機、電冰箱為代表的「白色家電」（按：指生活及家事用的家庭用電器）開始進入已開發國家的每個家庭。可是繁榮的時代並沒有人們想像的那麼長，首先是美國的壓倒性優勢漸漸變弱了，而德國、日本等國家開始儲備美元，美國的經常帳赤字問題也開始浮出水面。

我們在這裡應該提及一個人，他就是美國經濟學家羅伯特・特里芬（Robert Triffin）。他在 1960 年所著的《美元與黃金危機》（*Gold and the Dollar Crisis*）中，尖銳的指出了美元替代黃金地位之國際體制的問題。

他的主要觀點是，世界經濟的增長需要充足的貨幣供應，而為了供應充足的貨幣，美國需要不停的印製美元，但是問題在於，美國是在自己的金庫裡沒有充足黃金儲備的情況下印錢。

原則上來說，經常帳如變為赤字，美國保有的黃金也應該減少，但是美國的貨幣供給不僅沒有減少，反而因越南戰爭（1961年至 1975 年）的開始而增加了。

▲圖表 5-3 1971 年尼克森廢止了黃金
和美元的兌換，建立了新的金融秩序。

　　這時候首先提出質疑的是法國。第二次世界大戰時的英雄法
國總統戴高樂（Charles de Gaulle），對美元主導的國際體制懷有
不滿。他不斷的要求將所持有的美元換成黃金。

　　不僅如此，以法國為首的歐洲各國都對從屬於美國的現狀強
烈不滿。但戴高樂總統因 1968 年的「五月風暴」辭職後，法國的
黃金兌換狀況暫時告一段落，不過民間的黃金投機又再次引發了
問題。

　　這次民間的黃金投機行為，導致國際黃金價格在 1971 年上漲
到了 1 盎司 44 美元。而要求將持有的美元兌換成黃金的不僅是法
國，還有比利時。當時黃金和美元的官方兌換比率為 1：35，也就
是說，只要在美國用美元換取黃金，然後投放到國際市場一賣，

就能賺到 1 盎司 9 美元的利潤。

當時美國能做的有兩種選擇：第一，再一次調整黃金和美元的兌換比率；第二，拋棄金本位制。如果採取第一個方案，似乎是向投機勢力屈服，由此可能導致更多的黃金投機行為，所以美國只能放棄第一個方案。

最終，在 1971 年 8 月 15 日，尼克森總統宣布中止黃金兌換美元的交易，新的金融秩序從此形成。經濟史學界稱之為「尼克森衝擊」（Nixon Shock）。美元成為了對黃金沒有兌換義務的「不可兌換貨幣」。

貨幣發行擺脫了「黃金的桎梏」後變得自由，這項創舉也可以說是改變了世界經濟的基本格局。而這一事件以後發生的最大變化就是通貨膨脹。

在尼克森政府改革國際貨幣體系之前，貨幣的供給取決於黃金的儲備，但是當供給貨幣無關黃金儲備時，整體經濟開始出現通貨膨脹的跡象，因為各國銀行可以無視黃金的流入流出，隨意發行貨幣。人們預測可能會發生像 1923 年德國那樣的通貨膨脹，都開始拋棄貨幣換取實物資產。

這時候人們首選的實物資產是黃金和白銀。自西元前 600 年利底亞國王克羅伊斯製造出最早的金幣以來，黃金在數千年間都擔負著貨幣的功能，此時人氣飆升是理所當然的事情。

下頁圖表 5-4 展示的是 1871 年以後，國際黃金和白銀的價格走勢，從圖中可以看出 1 盎司黃金的價格在 1971 年是 35 美元，而在 9 年後，也就是 1980 年衝到了 1 盎司 586 美元。而 1971 年白銀的價格僅為 1 盎司 1.38 美元，1979 年白銀價格甚至衝到了 1

盎司 28 美元。

　　但是那些曾經堅信黃金價格會持續上漲的人們，在之後的 20 年不得不經歷黃金價格漫長的下跌過程，這是因為在布列敦森林體系崩潰的瞬間，那些蟄伏已久的中央銀行開始擺脫束縛，準備大展拳腳了。

　　圖表 5-4 裡的陰影部分，表示經濟增長率連續兩個季度下降，

圖表 5-4 1871 年以後黃金和白銀價格（美元）的走勢

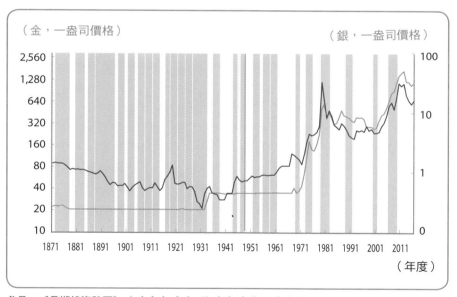

（金，一盎司價格）　　　　　　　　　　（銀，一盎司價格）

參見：《長期投資股票》（제러미 시겔，주식에 장기 투자하라）。
注：陰影部分為美國全國經濟研究所判定的經濟疲軟時期。
觀察國際黃金價格的走勢，可以發現兩個分界點。第一次是在 1930 年代，第二次則是在 1971 年。1930 年代大蕭條時期大多數國家廢除了金本位制，黃金價格隨之猛漲，而到了 1971 年尼克森拋棄金本位制後也出現了歷史性的變化。
有趣的是，廢除與黃金掛鉤的經濟體制後，經濟疲軟時期（圖中陰影部分）出現的頻率也隨之降低，也就是說，金本位制被澈底廢除後，世界經濟雖然出現了通貨膨脹，但總體卻持續變好。

也就是經濟蕭條長達半年的時期，顯而易見的是在 1971 年之後，
不景氣的頻率明顯減少了。這些都是尼克森政府對國際貨幣體系
的改革帶來的影響。下一節我們再來看看聯準會是怎樣控制黃金
價格和通貨膨脹。

03 黃金本位制的消失，造就了「美金」

　　讓我們分析一下 1980 年代初美國的狀況，通貨膨脹持續了將近 10 年，從黃金兌換美元的價格來看，美元的價值下跌了近 90％，人們對美國經濟、美元的信賴都幾乎消失殆盡。

　　此時美國聯邦準備理事會新上任的主席保羅・沃克（Paul Volcker），認為制定政策的首要目標應該是遏制通貨膨脹，他把政策利率（聯邦基金利率）提高到 20％。這是史上最高的利率，使企業家們紛紛撤回了投資，而消費者則被高利率的魅力所吸引開始走向銀行。當時的物價上漲率為 14％，銀行儲蓄利率為 20％，也就是說，實質政策利率為 6％。

　　經濟陷入嚴重蕭條後，受負債折磨的農民受到了巨大的打擊，憤怒的農夫們開著拖拉機湧向位於華盛頓的聯準會總部樓前抗議高利率。但是沃克毫不動搖的堅持著高利率政策，直到 1981 年夏天，通貨膨脹終於被控制了。如下頁圖表 5-5 所示，1980 年消費者物價指數上漲率為 14.6％，但是到了 1983 年上漲率降到了 2.36％。

　　從那之後就是一馬平川的康莊大道了，確認已無通貨膨脹的壓力後，聯準會開始降低政策利率。1983 年 3 月政策利率降至 3.6％。再加上雷根政府（Ronald Wilson Reagan，1981 年至 1989

年在任）強力推進的減稅政策，富裕階層和企業的稅務負擔也隨
之減輕了，金融市場開始得以恢復元氣。1980 年 4 月道瓊指數為
817 點，可是到了 1983 年 3 月，該指數上升到了 1130 點。

在這裡可能會有讀者產生疑惑，為什麼 1983 年的寬鬆貨幣政
策會使經濟形勢變好，而 1980 年的緊縮的貨幣政策會使經濟形勢
變壞？

圖表 5-5 **1980 年前後美國消費者物價指數上漲率和政策利率
的走勢**

資料來源：美國聖路易斯聯邦儲備銀行。
注：陰影部分為美國國家經濟研究局判定的經濟疲軟時期。
觀察美國消費者物價指數上漲率可以發現兩個分界點。第一個分界點是在 1971 年，尼克森政
府對國際貨幣體系改革以後，美元信譽度下降和以中東戰爭為契機發生的石油危機，導致消費
者物價指數上漲率突破了 10%
第二個分界點是在 1980 年，在第二次石油危機的影響下，消費者物價指數上漲率接近 15%，
美國政府果斷實行了擴張的財政政策，上調利率，開啟了長期的物價穩定時期。特別是在 1990
年前後開始的資訊革命，導致了生產效率的提升和通信器材設備價格的大規模下降，使美國經
濟在高增長中也能保持物價的穩定。

　　這個問題我們可以在瓊・斯威尼（Joan Sweeney）和理查・斯威尼（Richard James Sweeney）夫婦於 1977 年發表的論文《貨幣理論和國會山托兒合作社的危機》（*Monetary Theory and the Great Capitol Hill Baby Sitting Co-op Crisis*）裡尋找答案。

　　1970 年代，斯威尼一家在美國的國會工作，此時有 150 名年齡相近的夫妻們一起組建了托兒合作社。這個組織發行了類似貨幣的「小票」。一張小票可以託付孩子在托兒中心一個小時，照看孩子的夫婦從託付孩子的夫婦那裡按時間拿到小票。

　　這時問題來了，這種模式的正常運轉，需要相當數量的小票流通，可是大家都在積攢小票，而不怎麼使用它。因此托兒合作社的活動逐漸衰退，想退出合作社的人變得越來越多。

　　托兒合作社經營慘澹的原因很簡單，是缺少「有效需求」，絕不是因為夫婦們不會照看孩子。大家都在努力的積攢小票卻不使用它們，使得整體活動變得冷清、不活躍。

　　那麼該怎麼解決呢？合作社提出的方案就是增加小票的發行。如何增加小票發行？很簡單，如果一對夫妻好幾個月都不使用小票的話，就減少單張小票的託付時間。例如，領到小票後兩個月還不使用，那麼一張小票的託付嬰兒時間就會從一個小時變為 30 分鐘，也就是說引發通貨膨脹，阻止小票的積蓄，獎勵消費。

　　這個措施立刻發揮了效力。知道持有小票有價值下跌風險的夫婦們爭先恐後的開始使用小票，托兒合作社冷清的景象便不復存在。

　　在這裡小票就好比是中央銀行發行的貨幣。中央銀行下調利率，增加市場中的貨幣供應，會引起人們對通貨膨脹的預期，促

進消費和投資。反之，中央銀行上調利率，引導儲蓄而不是消費
（或投資），降低了人們對通貨膨脹的預期，就會開始出現經濟
蕭條。

　　但是為什麼在 1930 年代聯準會沒有採取類似的果斷貨幣政策
呢？那是因為金本位制的限制。出現經濟蕭條，中央銀行施行寬
鬆的貨幣政策，下調利率，會導致資金流出海外。黃金流出海外，
市場中的貨幣供應量就會減少，使得中央銀行下調利率的措施變
得無力。

　　為了解決這個問題，需要幾個國家一起下調利率，進行國際
性的合作。不幸的是，當時世界幾個主要中央銀行的行長在短期
內接連去世，使這個方法無法推進（不要忘記，當時聯準會阻止
了紐約聯邦儲備銀行對市場的資金供給）。

　　1971 年，尼克森政府拋棄了布列敦森林體系，阻礙中央銀行
行動的「緊箍咒」（金本位制）消失了。

　　在匯率 1 年內急升 10％的情況下，美國下調了利率，也沒
有發生資金大量流出的現象。不僅如此，人們還產生利率下調會
使經濟復甦、股市上漲的預期，致使大規模的海外資金紛紛湧
入美國。典型的事例就是，1982 年至 1983 年聯準會降低利率近
10％，而外國投資者購入美國股票的總額在這兩年分別達到 13 億
美元和 18 億美元。

　　當然，並不是美國每次下調利率都達到了預期的效果。只是
在沒有金本位制約束的環境下，各種因素都會對資金的流動產生
影響。現在我們把目光轉向 1980 年前後，來看看國際石油價格暴
跌的原因。

04 國際油價，得看美國臉色

　　前文提到 1971 年尼克森總統廢除布列敦森林體系以後，引起國際黃金價格的急劇上揚，隨之上漲的還有國際油價，雖然不及黃金的漲幅大，但也稱得上是大漲了。尼克森政府改革之後不久，石油輸出國組織（OPEC）發表了聲明，正式提升油價。

　　OPEC 決定：如果 1971 年 8 月 15 日國際貨幣體系的改革，給石油輸出國的實際利潤帶來負面影響的話，OPEC 成員國將會採取必要措施（提價）以抵消所產生的油價損失。

　　OPEC 之所以要提升原油價格，是因為石油出口的貨款以美元結算，也就是說，如果任憑美元價格下跌的話，那麼以沙烏地阿拉伯為首的石油輸出國只有破產一條路。

　　但是在聲明發表之後，OPEC 並沒有立刻提升原油價格。因為作為世界霸主的美國表現得非常強勢，而中東的產油國都才剛獨立不久，不得不看已開發國家的臉色。

　　正在這個時候（1973 年），第四次中東戰爭爆發了，剛好給了 OPEC 提升油價的正當理由。當時埃及和敘利亞為了奪回 1967 年六日戰爭（第三次中東戰爭）中，被以色列占領的西奈半島和戈蘭高地，分別向兩地發起進攻。

　　當時的美國和蘇聯，在戰爭期間都向自己的同盟國提供了大

▲<u>圖表 5-6</u> 1973 年 10 月 7 日，埃及軍隊正在渡過蘇伊士運河大橋。

量物資，所以這場戰爭也可看作是兩個大國間接的角力。

在戰爭初期，蘇聯支援的埃及、敘利亞聯軍占據了優勢，但隨著美國支援的以色列開始反擊，戰局發生了逆轉。埃及軍隊為防止敘利亞丟失戈蘭高地導致被以軍入侵本土，開始加強對以軍的攻勢。

但是在這個過程中，埃及軍隊給了以色列軍隊喘息和反攻的機會，因此被以軍逼退到蘇伊士運河。但是以色列並不想擴大戰爭規模，埃及、敘利亞聯軍也意識到很難再扭轉戰局，所以雙方在 10 月 25 日宣布停戰。

戰爭在短時間內結束了，可是留下的後遺症並沒有那麼容易消失。中東國家認定是美國支持以色列戰勝了埃及、敘利亞聯軍，

所以發表聲明，禁止向以美國為首的西方國家輸出石油，由此國際石油價格開始急速攀升。

1973 年 6 月國際油價為每桶 3.6 美元，可到了 1974 年 1 月，急升到每桶 10.1 美元，這就是第一次石油危機的爆發。

特別是 1979 年 2 月，伊朗親美的巴勒維王朝垮臺，新上臺的政府堅持反美路線，國際油價一路飆升，再加上伊拉克政府在 1980 年 9 月進攻伊朗，引爆了第二次石油危機。直到 1979 年 1 月石油價格還是每桶 14.8 美元左右，而到了 1980 年 4 月，油價直接飆升到了每桶 39.5 美元。

不過第二次石油危機的衝擊沒有持續太久。1983 年 2 月，油價下跌到每桶 29.0 美元，而再一個月價格便跌至每桶 12.6 美元。

石油儲藏量占世界第二位和第四位的伊朗與伊拉克，實際上

▲圖表 5-7 受 1973 年發生的第一次石油危機的餘波影響，美國在 1974 年發行了汽油配給票（Gasoline ration stamps），但並沒有投入使用。

在 1988 年中斷了石油生產，那石油價格為什麼還能暴跌？

　　最直接的原因是美國上調了利率，特別是實質政策利率。從圖表 5-8 可以看出，美國的實質政策利率在 1980 年代初期上升了 8％，這使持有美元資產的實質利益變大了。

圖表 5-8 1972 年至 2002 年國際油價和實質政策利率的走勢

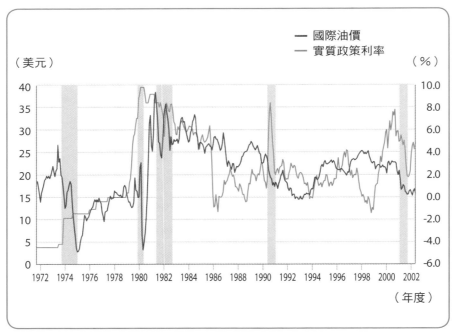

資料來源：美國聖路易斯聯邦儲備銀行。
注：陰影部分為美國全國經濟研究所判定的經濟疲軟時期。
觀察國際油價的走勢很容易發現，它和美國的實質政策利率走勢正好相反。最為典型的例子就是 1980 年。
實質政策利率從負變正的瞬間，油價達到了歷史性的最高點並隨即下降。出現這種現象是因為美元的實質政策利率上升導致了持有美元的實質利潤的增長，此時持有美元資產成了首選，進而投資需求下降，這使對經濟形勢敏感的原油需求也隨之下降。

　　實質政策利率是指，政策利率減去消費者物價指數上漲率的部分，是去掉通貨膨脹還能賺取的實際銀行儲蓄利息率。也就是說，對於那些貨款以美元結算的產油國來說，美元價值的上升使他們沒有動機提高原油價格。

　　隨著人們對美元價值上升的預期升高，以商品為主的「非美元資產投資」魅力自然就會減弱。從 1971 年尼克森政府對國際貨幣體系的改革可以看出，以黃金為主的商品價格飆升最大原因，是美元作為國際儲備貨幣地位的不穩定性。相反，如果美元的地位和從前一樣非常穩固的話，人們就沒有必要特意投資像原油和黃金那樣變動性大的「風險資產」了。

　　以 1980 年為節點，國際油價的飆升態勢趨於穩定，這我們可以理解，可是從 1983 年開始，美國的實質政策利率下跌，國際油價為什麼會下滑呢？要想理解這一點，首先有必要掌握商品市場的特性。

05 油價下滑，
和低油耗汽車有關

　　1983 年之後國際油價經歷了長時間的下滑，其原因是「供需不均衡」。有預測稱，1973 年之後國際油價將持續上升，高油價時代將持續下去，因此企業和消費者都在大規模的調整方向。

　　首先是已開發國家的消費者，增加了對燃料消耗率較低的小型汽車消費。1986 年現代汽車（Hyundai Motor Company）出口到美國的「Pony Excel」汽車，年銷售量超過 16 萬輛，足以說明當時消費者們對小型汽車（見圖表 5-9）的熱衷程度。加上當時的美

▲圖表 5-9 Pony 是 1975 年至 1990 年間，現代汽車公司生產的後輪驅動小型車（Pony 即「小馬」的意思）。

國政府對汽油課稅 14％、進口汽油實施一加侖收 10 美分稅等措施，也對石油消費的萎縮起到了決定性作用。

圖表 5-10 顯示的是美國原油消費量和國際油價的關係，可以看出在原油價格急升的 2 到 3 年之後，美國的原油消費量急劇減少。因為人們對一時的變化反應不那麼迅速，可一旦發現這個變

圖表 5-10　美國的原油消費量和國際油價變化

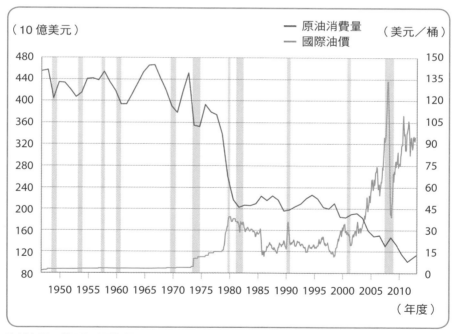

資料來源：美國聖路易斯聯邦儲備銀行。
注：陰影部分為美國全國經濟研究所判定的經濟疲軟時期。
上圖顯示的是美國原油消費量和國際油價的關係。可以發現油價越高，原油消費越是持續下降。
最為典型的例子是 1970 年代，美國原油消費量從每年 4,400 億美元一下子降到每年 2,000 億美元的水準。原油消費量的減少是因為原油價格上升，此外，還由於燃油效率較高的汽車使用比重有所增加，消費模式發生了轉變。

化會對自己的生活產生持續影響時，就會果斷採取措施加以應對。

不僅是消費者，企業也開始大規模調整對策。首先對以前因費用問題不敢涉足的大陸棚和深海油田開發增加了投資。隨著美國和蘇聯的衝突緩和，蘇聯生產的原油供給到西方也是引起變化的一個重要因素。直到 1965 年，蘇聯的石油年生產量僅為 2 億噸，而到了 1980 年代初則達到了 6 億噸。

這裡可能有人會問，國際油價是從 1973 年的第一次石油危機開始上升的，那麼為什麼石油生產量到了 1980 年代初才開始增加？我也曾長時間抱有這個疑問。此處引用世界著名投資專家吉姆・羅傑斯（Jim Rogers）的觀點來解答這一疑惑。

設想一下有一個想開發鉛礦的企業家。他很清楚在過去 25 年間，世界上投入生產的鉛礦只有一處，而中國和印度的經濟高速增長，也使鉛的需求量越來越大。

鉛最大的用途是製造油漆和汽油，雖然最近因環境汙染問題，鉛的使用量減少了，可是印度和中國對鉛蓄電池的需求增加幅度卻更大。

當然，只要尋找鉛埋藏量大的礦山進行開發就可以了，但是開發鉛礦山有許多的問題。

首先是以華爾街為首的投資銀行，它們對十多年來鉛價下跌的情況瞭若指掌，所以對鉛礦開發會持懷疑態度；而環境保護組織和政府也許會對鉛礦開發設定種種限制。想克服所有這些過程，會需要短則數年、長則十幾年的時間（平均需要 18 年），這就需要投入非常多的資金。

如果這種努力得到了很好的回報，鉛價開始上升，開發者當

然會大賺一筆。但是一夜暴富的美夢使得眾多的創業者都去開發鉛礦會發生什麼事呢？如果發生經濟危機，對鉛的需求一下子凍結了怎麼辦？

當鉛價超過均衡點的瞬間，它就會轉向，並向著無底洞下滑。投入了十多年心血和幾百萬美元（甚至幾千萬美元）的資金開發鉛礦，不能因為鉛價下跌 10%、20% 就停止生產，哪怕連成本都賺不到，企業也會無視日益下跌的價格繼續生產。

而這種做法會使得均衡點更加難以實現。最終的結果要麼是收益差的鉛礦關門，要麼是生產鉛電池企業的鉛庫存耗盡，否則鉛價格的下滑是不會結束的。

這種現象在經濟學界被稱之為「前置時間」（lead time）。前置時間是指從客戶下單訂貨到企業完成訂單交貨的時間，而像住宅和某些商品那樣前置時間較長的產業，它們的需求和供給的失衡是不容易迅速解決的。

1973 年開始的高油價時代持續了 10 年的原因就在這裡。供給開始增加，接著出現的就是難以逆轉的價格下滑趨勢。雖然 1990 年 8 月爆發的波斯灣戰爭導致油價一度暴漲，但是隨著需求的減少，油價還是接續了 1980 年代初期開始的下滑趨勢，使得低油價的情勢維持了 20 年左右。

06 不要和央行作對！

　　第五章我們分析了尼克森政府改革國際貨幣體系以後的市場，
得出的啟示是「不要和央行作對」。從金本位制中被解放出來的
中央銀行，比以往任何時候都具備採取果斷措施的能力。

　　就像 1980 年時，聯準會可以將利率上調至 20％，也可以像
1983 年那樣將利率下調到 3％。1929 年大蕭條時期，中央銀行不
僅被金本位制捆住了手腳，還熱衷於「清算主義」，所以很難及
時的應對危機。

　　但是在 1971 年以後，中央銀行可以很從容的按形勢需要上調
或下調利率，使得經濟的循環週期變得更長，也能降低資本市場
的振幅。

　　從下頁圖表 5-11 中可以看出，如果聯準會的實質政策利率上
升，股票價格就會暴跌，反之，股票價格就會急升。

　　導致這種情況出現的原因有兩個。第一，實質政策利率一高，
股市投資的魅力就會下降。無風險投資的利息上升，使資金從股
票市場流向銀行儲蓄，這對股票市場的打擊是直接的。

　　第二，實質政策利率一高，那些被預估為成功率較低的投資
專案會中斷，失業率會上升。不僅如此，因為消費者的儲蓄傾向
變得強烈，經濟整體的增長勢頭會隨之減弱。這種現象直接導致

企業對業績前景的悲觀，而股票價格的下跌使得持有股票的投資者資產遭到損失，緊隨其後的當然是雪上加霜的消費下滑，由此產生惡性循環。因此，**實質政策利率的直線上升會增加整體經濟疲軟的可能性。**

圖表 5-11 道瓊指數和實質政策利率的走勢

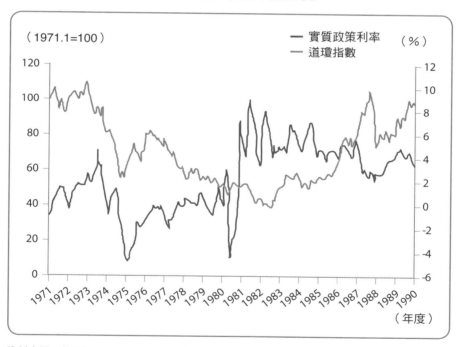

資料來源：美國聖路易斯聯邦儲備銀行。
股票市場的長期走勢和實質政策利率關係緊密是理所當然的事情。實質政策利率上升，人們當然首選銀行儲蓄等安全資產，而不是股票。因為人們擔心利率上調引發的經濟低迷會導致企業業績的下滑。
相反，中央銀行採取下調實質政策利率等寬鬆的貨幣政策時，股票價格的走勢會上升，所以投資者有必要注意觀察中央銀行的貨幣政策。

在這裡有必要指出的是，1971 年尼克森政府改革了國際貨幣體系之後，經濟的循環週期變得越來越長了。對於判定美國經濟會在什麼時候停滯、在什麼時候復甦，美國全國經濟研究所認為，一般情況下經濟增長率連續兩個季度下降就視為經濟疲軟。根據這一標準，美國從 1854 年到 2009 年總共經歷了 33 個經濟週期。

而令人驚訝的是，從 1854 年到 1919 年，在金本位制盛行的時期，平均一個經濟週期僅為 48.2 個月，也就是說，平均每四年經濟就由好變壞循環一次。但是從 1919 年到 1945 年，一個經濟週期的平均持續時間延長到了 53.2 個月。特別是從 1945 年到 2009 年，一個經濟週期平均已經延長到 69.5 個月了。也就是說，經濟強勁期變長了。

美國經濟在 2009 年 6 月觸底以後，到我寫作本書時（2019 年 2 月）為止，一直處於強勁狀態。除了從 1991 年 3 月到 2001 年 3 月近 120 個月的經濟強勁期之外，這是歷史上第二持久的經濟強勁期。

當然廢除金本位制帶來的並不是只有好處。它會增加通貨膨脹的壓力，就像我們將在第六章中看到的日本的情況一樣，如果決策當局不能適當的調節資本市場的泡沫，就會出現不可控制的局面。讓我們一起在第六章仔細研究一下日本的事例。

6

從能買下整個美國，到失去 20 年的日本經濟

01 《廣場協議》，日本步入泡沫經濟的第一步

　　1971 年尼克森政府改革國際貨幣體系之後，特別是在浮動匯率制度普及時，世界金融市場發生了巨大的變化。

　　在這裡補充幾句，匯率意味著一個國家貨幣的相對價值。就像日本是日圓，美國是美元一樣，世界各國都有自己的貨幣，各種不同貨幣的兌換比率稱之為匯率。假設韓元對美元匯率為 1,100，就代表 1 美元可兌換 1,100 韓元。

　　那麼匯率在波動時我們會受到怎樣的影響？讓我們簡單的舉個例子看一下。假設昨天 1 美元可兌換 1,100 韓元，可今天 1 美元可兌換 1,300 韓元（美元增值），那麼昨天在美國售價為 1,000 美元的蘋果手機用 110 萬韓元就能購買，可是今天價格上漲到 130 萬韓元，就要比昨天多支付 20 萬韓元。

　　在同一時間，如果韓國三星筆記型電腦的價格還停留在 100 萬韓元的話，就會有比以前更多的人想購買三星筆記型電腦。當然這對消費者來說選擇範圍會變小，特別是像三星筆記型電腦那樣沒有替代品的產品，如汽油、輕油等，匯率上升時其影響會直接反映在售價上。

　　反之，如果昨天 1 美元可兌換 1,100 韓元，今天突然降為 900 韓元了（美元貶值），則會發生截然相反的現象。在美國 1,000 美

元的蘋果手機價格換算成韓元，從昨天的 110 萬韓元降到今天的 90 萬韓元，降了 20 萬韓元。而三星筆記型電腦等韓國產品則顯得相對價格偏高。韓國的消費者就可能會選擇以相對便宜的價格購買海外進口產品，匯率的下降就提高了購買力。

那麼匯率是怎麼波動的？和其他所有商品一樣，買方占優勢會上升，反之，賣方占優勢就會下降。那麼買方在什麼時候會占優勢呢？

如果美國進出口貿易有大規模的獲利，或者美國的利率相比於別國利率有壓倒性優勢的時候，人們對美元的需求就會增長。

1980 年代初就是這樣的狀況。當時美元顯示出來的強勢是因為聯準會主席沃克強力推行的利率上調政策。結果相比別的國家，美元利率高出許多，而且聯準會也堅定表態，在通貨膨脹完全消除之前將維持高利率政策。使得全世界投資者對此的反應是開始重新信賴美元。

但是隨著美元的持續強勢，美國經常帳赤字問題開始顯現出來。1980 年第二次石油危機時，美國的經常帳赤字不過是 255 億美元，可到了油價下跌的 1984 年卻增長到 1,125 億美元。

反觀日本，除了石油危機期間，其國際貿易一直在獲利，特別是到了 1984 年，得益於汽車出口利好，經常帳順差竟擴大到 350 億美元。

當然美國的貿易逆差和日本的貿易順差不能只用「匯率」一項來解釋。但美國的雷根政府當時判斷，透過調整匯率可以解決經常帳的赤字問題。1985 年 9 月 22 日，美、日、英、法、德五國的財政部長及央行官員等，在紐約廣場飯店召開會議（以下稱廣

場會議），達成了如下協定：

1. 為了改善美國的國際貿易收支情況，將引導日本日圓和德國馬克升值。

2. 如果進展不順利，政府將介入以達成目的。

《廣場協定》簽訂以後，日本、美國還有德國的中央銀行都出面強勢介入市場以降低美元價值，同時也申明了其堅定的態度：哪怕急劇調整政策利率，也要降低美元的貨幣價值。

這些舉動成功的改變了市場的氛圍。避險基金（hedge fund，又稱對沖基金或套利基金）[1]的集資人也迅速做出反應，開始賣出美元，緊接著商業銀行也加入了賣方行列，使日圓匯率開始急劇下降。

在《廣場協定》簽訂之前，日圓對美元的匯率是 242，9 月末是 216，10 月末是 211，到了 11 月末則降至 202。如果是放到現在這種事情完全是不可思議的，但在當時為了共同抵制蘇聯，這些國家有一種同為一個戰壕裡的戰友的意識。再加上德國、日本、法國等國對美國出口額巨大，所以它們難以拒絕美國調整匯率的要求（見第 201 頁圖表 6-2）。

---

[1] 指金融期貸和金融期權等金融衍生工具與金融工具結合後，以營利為目的的金融基金。它是投資基金的一種形式，意為「風險對沖過的基金」。集資人採用各種交易手段進行對沖、換位、套頭、套期來賺取巨額利潤。有別於公募資金，作為私募基金，對沖基金的集資人往往不滿 100 人，形成夥伴關係之後再找一個能避稅的地方進行活動。

▲圖表 6-1 1985 年 9 月廣場會議在紐約廣場飯店召開。左起為德國、法國、美國、英國、日本的財政部長。

　　那麼經歷了匯率急劇下跌的日本，經濟會發生怎樣的情況呢？

　　日圓對美元的匯率幾乎達到腰斬的地步，進口商品的價格也開始下降。而進口商品價格的下跌，導致日本國產的各種商品也只能跟著下調價格，特別是出口企業，它們不得不在比以往艱難得多的環境下競爭。

　　全日本都被一種恐懼籠罩著，那就是日圓如果持續升值，勢必導致所有出口企業關門大吉。

　　為了對付這種所謂的「日圓走強導致的經濟不景氣」，日本中央銀行採取了下調利率的政策。重貼現率由《廣場協議》前的 5% 跌至 1987 年初的 2.5%，讓日本經濟開始活躍了。

　　出口貿易雖然依舊不景氣，但是日本國內的經濟開始繁榮起來。對購買房地產和汽車等需要大額資金的消費者來說，因為可

能會選擇貸款或分期付款，所以利率高低就會產生很大影響。

　　由於房地產、汽車等大宗產品的消費增加，企業開始轉虧為盈。而因為日圓升值使出口競爭力下降的日本企業，則開始轉向國內消費市場，並投資到房地產以及度假村等娛樂設施的建設項目中。

圖表 6-2 **1985 年前後日圓對美元的匯率（左側）和日本的政策利率（右側）的變化情況**

資料來源：美國聖路易斯聯邦儲備銀行。
注：陰影部分為美國全國經濟研究所判定的經濟疲軟時期。
從圖中可以發現，1985 年 9 月《廣場協定》簽訂之後，日圓對美元的匯率急劇下降。為了緩和日圓迅速升值引發的衝擊，日本中央銀行將利率下調至 2.5%，最終誘發了資產市場的泡沫。

　　商品價格的下跌對改變市場氛圍也起了很大作用。1985 年末每桶 30 美元的國際油價，到了 1986 年初就開始急劇下跌，1986 年末的國際油價只剩下每桶 15 美元。而油價的下跌對日本經濟也有兩大好處。

　　其一，對原油全靠進口的日本來說，油價下跌意味著物價的穩定。

　　其二，有利於經常帳狀況的改善。因日圓走強，日本的出口競爭力減弱了，但是原材料進口價格的下跌意味著進口貨款的負擔有所減輕，出口競爭力得到適當提升。這有效的防止了經常帳的進一步惡化。

　　在日本經濟為了擺脫日圓升值帶來的衝擊而掙扎時，美國人卻在開酒會慶祝。隨著美元貶值，出口企業的競爭力得到了提升，經常帳的赤字也開始減少。特別是和日本等國家展開激烈競爭的美國汽車行業，終於可以喘口氣了。

　　但是 1985 年 9 月的《廣場協定》帶來的不僅僅是美元貶值，它所引發的問題遠遠比這複雜。我們將在下一節中進一步探究。

02 美國「黑色星期一」，捅破了日本的泡沫

　　1985 年 9 月《廣場協定》簽訂以後，美國經濟和證券市場迎來了繁榮發展，因為企業的競爭力增強了，加上日本等其他國家同步實行了下調利率的政策，又帶來了刺激經濟發展的效果。

　　但是繁榮的盛況未能持續兩年，就遭遇了被稱為「黑色星期一」的股市暴跌事件。所謂「黑色星期一」指的是 1987 年 10 月 19 日星期一開始的股災，導致該年 10 月美國的道瓊工業平均指數達到暴跌 22.6% 的事件（見第 205 頁圖表 6-4）。此後，在股市上發生股價暴跌事件時也經常用「黑色星期一」來形容。

　　關於黑色星期一發生的原因有多種說法，相對較多的學者們認為這是由對美元貶值的憂慮所引起的。1985 年 9 月簽訂《廣場協議》之後，美元持續的貶值，有不少投資者開始擔憂受到外匯損失的外國投資者會離場。

　　可以參考的是，在 1985 年一年裡，外國投資者在美國證券市場購買美國股票的純買入額達到 16 億美元，在 1986 年漲到 62 億美元，特別是到了 1987 年，1 到 9 月間就已達到 78 億美元。

　　這些外國投資者確實是推動美國股票價格上漲的一等功臣。因此當時的狀況並沒有跡象表明外國投資者要離場。

　　但是當時的投資者們都有一種恐懼感，生怕這些外國投資客

▲圖表 6-3 1987 年聯準會主席葛林斯班。

會突然離場，特別是當時任聯準會主席的艾倫・葛林斯班（Alan Greenspan，圖表 6-3）在 1987 年 9 月 5 日把重貼現率從 5.5％上調到 6.0％時，投資者們更加確信證券市場即將萎縮。

葛林斯班上調利率的措施是為了防止經濟過熱，可是大多數市場參與者認為，這是**阻止美元貶值的信號**。還需要特別指出的是，那年 10 月 14 日發表的美國 9 月分的貿易收支，顯示出了史上最大規模的赤字，市場對美元貶值的預期更加篤定了，而**投資者們對這些狀況的最直接反映就是離場**。

對黑色星期一衝擊起推波助瀾作用的還有「投資組合保險策略」（Investment Portfolio Insurance Strateg）。在黑色星期一之前，美國金融市場有個叫做「投資組合保險」的新商品很流行。簡單

圖表 6-4 「黑色星期一」前後道瓊指數（左側）和美元價值（右側）的走勢

資料來源：美國聖路易斯聯邦儲備銀行。
受《廣場協議》簽訂之後美元貶值的影響，美國的股價開始急速上升。但是投資者們開始害怕外國投資者有可能因美元貶值而離場，也擔憂德國等已開發國家中央銀行上調利率會加劇美元貶值，這種憂慮開始在整個市場蔓延，最終導致美國股票市場迎來了「黑色星期一」。

的說，它就是「**即使市場暴跌，也能確保資產價值不會跌破事先預定水準**」的保險策略。

這個策略之所以行得通，是因為從 1983 年開始，美國證券交易所（American Stock Exchange）以標準普爾 500 指數等主要股價指數為基礎開啟了股票指數期貨交易（按：Share Price Index

Futures，簡稱股指期貨）。而期貨交易是當事者在預先定好的時間點，交割預定數量商品的交易。

換句話說，投資組合保險就是拿出全部資產的一部分做賣出期貨的契約，也就是為應對股價暴跌的風險，先做好賣出股票的約定。

在黑色星期一期間，證券市場的異動擴大，導致連那些沒有採取風險分散戰略的投資者也開始拋售期貨，金融市場形成了一種單向的趨勢。期貨的拋售誘發了大規模的股票賣出，導致股價下跌，驚魂不定的投資者再一次賣出期貨，這就形成了一種惡性循環。

黑色星期一使投資者們回想起已經忘卻的創傷——1929 年的大蕭條。特別是當黑色星期一股價暴跌的比率超過了 1929 年「黑色星期四」（－21％）時，恐懼感達到了頂點。但是 1987 年的聯準會和 1929 年的聯準會已經不能相提並論了。

1929 年的聯準會不僅沒有擴大貨幣供給，還在經濟危機達到顛峰的 1931 年提高了利率。1987 年黑色星期一發生當天，聯準會主席葛林斯班就宣布將「充分的供給貨幣，並下調利率」，緊接著美國財政部長訪問德國，與德國財政部長及中央銀行行長會晤，請求下調利率。

這些努力取得了成果，在 1987 年的最後一天，道瓊指數達到了 1938 點，比黑色星期一之後的最低點上升了 200 點。美元價值也在 1987 年末趨於穩定。也就是說，以聯準會為首的世界主要國家中央銀行齊心協力解除了金融危機。

這件事情到這裡為止是相當成功的案例。可是黑色星期一在

日本引發了更嚴重的問題。這是因為美國的決策者們向德國、日本等國家的中央銀行提出要求：「為了避免此次事件發展成更為嚴重的金融危機，世界主要國家的中央銀行要一同施行寬鬆的貨幣政策。」

為什麼這個要求產生了問題，我們在下一節分析。

03 想賣的誘惑高於想買時

　　在黑色星期一前夕，日本中央銀行曾認真研究過上調利率的問題，因為國內經濟在頑強的恢復，證券市場也開始轉向牛市，種種跡象表明，「日圓升值引起經濟疲軟」的焦慮正在逐漸緩解。

　　1985 年末，日本的日經指數（根據東京證券交易所第一市場上市的 255 家公司的股票價格算出的平均股價）達到了 13,083 點，1986 年末則上升到了 18,821 點。在 1987 年 1 月 30 日，該指數更顯示出要突破 2 萬點的強勁趨勢。

　　特別是每股純利潤和股價比率（即本益比），以 1986 年末的股價為基準上漲了 49.2 倍，這已經顯示有很大的風險了。如果考慮到從 1965 年到 1986 年的平均本益比是 23.6 倍的話，1986 年末日本證券市場的股票價格被高估了 2 倍以上。

　　1986 年末上任的聯準會主席葛林斯班停止了原有的低利率方針，採取了上調利率的政策，此事成了日本中央銀行研究是否要變更政策基調的一個重要契機。

　　如果美國上調利率，那麼日本即使上調利率也能減少日圓升值帶來的風險。當然不能只根據利率差來決定匯率，但是如果兩個國家的條件相似的話，一般人應該都會選利率較高的國家貨幣。總之，在 1987 年上半年，日本中央銀行是應該上調利率的。

▲ 圖表 6-5 1986 年到 1991 年的「泡沫經濟」期間，因房地產和股票價格的高漲，日本投資者資產大幅增加，當時日本企業也開始大肆購買海外的房地產。1989 年，三菱公司用大約 2,000 億日圓購買了洛克菲勒中心。

　　但是可惜，日本「錯失良機」了。如果日本在 1987 年上半年就提高利率，那是最為理想的。可是在日本猶猶豫豫，還未做決斷時，就參加了黑色星期一後美國所宣導的「國際合作」，結果拖到 1989 年還未能果斷施行上調利率的政策，最終導致史上罕見的股市泡沫。

　　在這裡對「泡沫」補充兩句。資產價格達到什麼水準才算泡沫，其實很難準確推定。這裡提供一個很實用的判斷標準，那就是從證券市場中炒股者的角度來看，**如果賣股票的誘惑遠遠超出**

買股票的誘惑，那麼此時股票價格就出現泡沫了。

假設 1980 年代末，某個企業家計畫在日本證券市場上市。但是股票本益比只有 4 倍的話，他便不會選擇上市。因為股票上市的最終目的是籌措資金。

如果每股的期望收益率（每股純收益／股價 ×100％）是 25％的話，考慮到當時日本銀行的利率也不過是 2.5％，在這種情況下與其上市，不如直接從銀行貸款。

也就是說，當證券市場陷入熊市，上市企業的股票本益比很低的時候，企業的增資活動也好、上市衝動也好，都會大大減弱。

在股價變高時，就會出現相反的局面。像在 1989 年的日本，那些沒有什麼盈利、毫無前途可言的企業股票也能以 100 倍的本益比交易，每股的期望收益率只有 1％，而債券利率卻超過 6％。精明的經營者會做什麼樣的選擇，那是不言而喻的，他會不斷的增資籌措資金，然後把錢投到債券上。

在 2000 年科斯達克（KOSDAQ，韓國股市）產生泡沫時，通信產業把增資流入的資金投入到房地產是很合理的行為。因為在銀行利率很高的情況下，如果股票的本益比急劇上升的話，股票的供給就會無限的增加，而隨著股票供給得越來越多，股票市場就會漸漸失去上升的動力。

那麼 1980 年代後半期，日本的股票本益比曾經是多少倍呢？

如下頁圖表 6-6 所示，1980 年代末日本股票市場的股票本益比達到 67 倍左右，可想而知股票昂貴到什麼程度了。當然，當時的日本股票市場的參與者們認為，這是因為「每股淨值（BPS）高，所以不能視為泡沫」。

圖表 6-6 1965 年以後日本股票市場本益比的變化

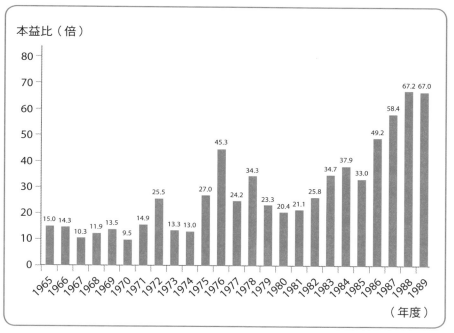

參考資料：《坦伯頓投資法則》（*Investing the Templeton Way*）。
1989 年泡沫經濟時期，日本股票的本益比竟達到 67 倍。考慮到當時日本經濟已經處於人均收入達到 4 萬美元的成熟階段，出現如此高的本益比，除了「泡沫」再沒有別的什麼解釋了。

　　1989 年日本上市企業的股價，曾達到每股淨值的 4 倍以上。也就是說，既然企業保有的資產價值很高，那麼企業的收益也應該維持在比資產價值高 4 倍的水準。但是如前文所述，每股的期望收益不過只有 1%，所以不管從哪個角度看，日本的股票市場都已經充滿了泡沫。

04 加拉巴哥現象，日本的 房地產市場危機

　　1980 年代末，在日本比股價暴漲更成問題的是房地產價格。股票市場的衝天牛市使得企業的增資和上市都變得很容易，銀行的企業貸款額度也隨之大幅減少了，銀行開始把閒置的錢投向房地產市場，使原本就價值不菲的日本住宅價格變得更加昂貴，其上升速度也令人瞠目結舌。

　　銀行的房地產相關貸款額度在 1988 年是 31.4486 兆日圓，到了 1990 年漲到了 42.4269 兆日圓，個人住房貸款額度在 1988 年是 25.164 兆日圓，到了 1990 年則急升到 38.1509 兆日圓。

　　不僅是房地產商，還有企業家們也都湧進了房地產市場投資。從 1985 年起，每年的股市融資（有償增資、新股認購權、可兌換公司債券等）規模都達到 4 兆日圓左右，1989 年更是大幅上升到 26 兆日圓，企業也開始把這些資金投向房地產市場。純購買土地的規模也從 1985 年的 3.8 兆日圓和 1988 年的 6.5 兆日圓，增長到了 1989 年的 10 兆日圓。

　　用錢賺錢的理財時代開始了，房地產市場開始以驚人的速度增長、擴大。1984 年前後，日本地價指數只不過是 100 點，到了 1990 年則急升到 160 點，特別是東京、大阪等大城市的地價指數已經衝破了 300 點。

　　要了解當時日本房地產價格到底高到怎樣驚人的程度，做個世界範圍的比較就能更加清楚了（見圖表 6-7）。

　　根據經濟學者凱瑟琳娜‧諾爾（Katharina Knoll）等人發表的論文《房價之外無他可比：1870—2012 年全球房產價格研究》（*No Price Like Home: Global House Price, 1870-2012*），世界的房地產可分為「日本房地產」和「日本以外的房地產」。

圖表 6-7 1913 年以後世界主要國家實際房地產價格指數的變化

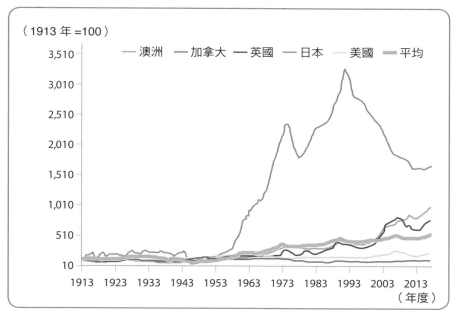

參考資料：*No Price Like Home: Global House Price , 1870-2012*。
可以發現，日本的房地產價格走勢最強勁。當然和其他已開發國家相比，日本的經濟增長速度較快，而且城市化比例相對較低，這些都刺激了日本房地產價格的急升，但是經濟增長速度變緩，城市化進程減慢之後，房地產價格還保持了飆升的勢頭，就很可能是流動性資產過剩帶來的「泡沫」。

　　如果將 1913 年的平均地價指數定為 100 點的話，美國、英國、加拿大、澳洲等 12 個國家的實際房地產價格，在 100 年間大約上漲了 4 倍，但是日本房地產價格的走勢完全不同於其他國家。

　　從 1913 年到 1990 年，其實際房地產價格大約上漲了 31 倍，然後在 25 年間大約下跌了 50%。和別的國家房地產價格保持持續上漲相比，日本的房地產市場表現出一種「加拉巴哥」（按：指在孤立的環境下獨自進化，而喪失和區域外的互換性，面對來自外部適應性和生存能力高的產品，最終陷入被淘汰的危險）現象。

　　為什麼日本房地產價格的走勢不同於其他已開發國家呢？相比於其他已開發國家，日本的經濟增長速度快，城市化的推進也很快速，這些毫無疑問都是 1955 年至 1973 年日本房地產價格上升的因素。

　　但是那以後房地產價格依然保持上漲，所以原因就只能在 1985 年《廣場協議》之後低利率環境造成的泡沫裡尋找了。

　　就這樣，史無前例的房地產價格瘋狂上漲讓日本中央銀行坐不住了，最終在 1989 年 5 月 30 日將利率提高了 0.75%（從 2.5% 提高到 3.25%），這是 1980 年 8 月以後第一次上調利率。但是日本的房地產市場並不受影響。

　　1989 年日本全國的地價指數和前一年同期相比上升了 9.6%，大城市的商業用地價格上升了 25.8%。1990 年，全國的地價指數更是上升了 14.7%，比前一年的上升率更高。

　　但是當日本中央銀行把利率提高到 6% 時，房地產市場終於挺不住了。陶醉在盛況中的房地產開發公司每年向市場推出 170 萬套新建住宅。人口為 1.2 億的國家有 4,000 萬戶家庭，假設住宅每

40 年進行重建，那麼平均每年需要的住宅供給數為 100 萬套左右。

可在 1990 年代初，日本房地產市場每年持續提供 170 萬套住房，引發了嚴重的供過於求。無論對房地產市場的預期有多高，也不能讓住宅供給數量過剩到這種程度，否則必然會打破房地產市場的供需平衡。

外匯、石油等所有商品的價格都是由供需關係來決定的，不過當時的日本國民和房地產開發商好像都忘記了這最簡單的道理，於是悲劇便由此開始了。

05 房地產價格泡沫化的逆財富效應

　　擴張性的財政政策和供給過剩，從 1990 年開始摧毀日本的房地產市場。特別是從 1991 年開始，房地產價格嚴重下跌，出現了經濟增長率也隨之停滯的經濟蕭條徵兆。為什麼房地產價格的暴跌會導致經濟蕭條？

　　野村證券公司的經濟研究員辜朝明（Richard C. Koo）在《總體經濟的聖杯：資產負債表衰退啟示錄》（*The Holy Grail of Macroeconomics: Lessons from Japan's Great Recession*）一書中所展示的圖表可以解釋這個問題。

　　下頁圖表 6-8 顯示了 1990 年房地產價格泡沫破裂以後，日本企業和房地產商遭受的巨大損失。可以看出 1990 年日本的 GDP 有 449 兆日圓，可是房地產價格及股市價格的暴跌，導致最終蒸發的資產高達 1,500 兆日圓。

　　這樣令人驚駭的損失會引發兩個嚴重的問題。一個是經濟主體為彌補資產負債表上的損失，**會努力進行恢復工作**；再一個是所謂的「**逆財富效應**」[2]。

　　假設一戶人家借貸了 10 億日圓，並投入自己的資產 5 億日

---

[2] 指股價或者房地產價格下跌導致個人消費心理及消費能力萎縮的現象。

圖表 6-8 1990 年之後日本房地產商和企業的資產損失規模

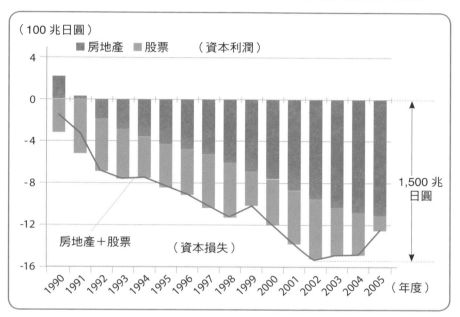

參考資料：《總體經濟的聖杯》。

圓購買了一套價值 15 億日圓的房子（擔保比率為 66％）。可是
1991 年以後開始的房地產價格暴跌，使他購入的房產價值下跌了
50％，變成了 7.5 億日圓，會產生什麼後果呢？這家人的資產成了
負 2.5 億。

　　買錯了一次房子，使這家人從擁有資產 5 億日圓的「富裕階
層」一下子跌落到資產為負的「貧困階層」。

　　在這種情況下這家人能做的事情只有一個，那就是拚命減少
消費，增加儲蓄，想方設法償還債務。因為萬一金融機構注意到

房價的暴跌，開始催促償還貸款的話，這家人不僅會失去房子，還將身負 2.5 億的債務，直接流落街頭。但問題是，這樣的事情在當時的日本正在大規模的發生。

大多數的家庭和企業在 1980 年代後期，都為了償還債務做出了不懈的努力。可是當所有經濟主體都在為償還負債進行整齊劃一式的努力，會出現怎樣的局面？

消費者們為了還債減少消費，經濟會停滯，工作機會會消失，而這些更加重了消費者們的還債負擔。如果處於破產邊緣的數百萬住房所有者，為了償還債務爭先恐後的把房子推向市場，還有那些債權人為了收回貸款，也把那些抵押擔保的房子推向市場，其結果必然是新一輪的「房價的暴跌」。

而如果這種惡性循環一再重複的話，整體經濟就會陷入物價全盤下跌的「通貨緊縮」泥沼。整體經濟通貨緊縮會加重家庭和企業所負擔的「實質」債務，導致「債務人越是償還債務，所負的債務卻變得越多」的惡性循環，遏制整體經濟。

「逆財富效應」帶來的衝擊不可忽略。平生努力累積的資產價值瞬間縮水，消費心態不可能不崩潰。而日本的內需主導型經濟又加重了問題的嚴重性。

日本的出口僅占國內生產總值的 10%，內需主導型經濟崩潰的瞬間，企業也失去了恢復元氣的突破口。如果日本像韓國一樣，是出口占比較高的國家，那麼就可以用出口來打破僵局，可是日本企業一直依靠的是所謂「1 億中產階層」的巨大內需市場，所以面對 1990 年以後的房地產價格崩潰的局面，日本實在是心有餘而力不足了。

06 20 年了，為何日本政府束手無策？

　　了解了房地產價格暴跌引發整體經濟嚴重蕭條的過程，不少讀者會產生疑問，當整體經濟開始嚴重蕭條的時候，日本政府幹什麼去了？

　　對此聯準會作為一個外國的中央銀行，曾針對日本的此次事例做出了一份詳細的報告，這本身就說明了當時日本的情況與眾不同，也說明了他們想以此為戒，給自己敲警鐘，以避免犯同樣的錯誤。報告裡有下面這樣一段有趣的文字：

　　1989 年時，如果日本中央銀行在泡沫破裂之後把利率下調到 200bp[3]，通貨緊縮導致的惡性循環是不會發生的。

　　意思是，1990 年代初，房地產市場泡沫破裂時，日本中央銀行如果立刻將利率下調至 2% 的話，日本經濟不會經歷那麼長時間的蕭條期。為什麼會有這樣的觀點？為了便於理解，我們再往下看看報告的內容：

　　如果因為利率過低引發了通貨膨脹，那麼可以用緊縮的財政政策來解決，但是如果是由於刺激經濟的措施推出得過晚，或者

---

[3]bp（basis point，基本點）是表示利率或收益率的基本單位，100bp 等於 1%，200bp 即等於 2%。

由於措施的力度不夠，使經濟進入通貨緊縮的死胡同的話，就不那麼容易回轉了。

所以，當房地產市場泡沫破滅的時候，政府首先需要採取積極的、擴張的財政政策，其力度一定要足以使市場參與者（投資者）們改變自己對未來經濟的預期。

也就是說，當經濟主體已經形成對通貨緊縮的預期時，這種心理是很難被消除的，但是通貨膨脹則完全可以透過上調利率的手段加以遏制——這就是這份報告的核心內容。

為什麼通貨緊縮難以消除？聯準會經濟專家們認為其原因在於「財政政策無力」。當物價上漲率為負數時，即使再下調利率，實質利率（政策利率減去物價上漲率）也是不會下跌的。

如下頁圖表 6-9 所示，1994 年至 1995 年日本的物價上漲率已經降到了負數，此時日本中央銀行就算把利率下調到 0％也無法達到預期效果。

當然，如果日本政府積極、充分的推動擴張的財政政策，也許就能夠避免長期的經濟蕭條。但是仔細觀察圖表 6-9，可以發現 1997 年日本的物價上漲率一下子躍上了 2％，這又是怎麼回事呢？

這是因為當時的日本政府為了解決財政赤字問題，把消費稅從現行的 3％上調到 5％。這讓人想起 1937 年羅斯福政府為了平衡財政收支，削減財政支出導致經濟嚴重疲軟的情況。可以說，這一荒唐的政策使日本經濟陷入了難以恢復的、長期蕭條的惡性循環。

下一節我們將探討，日本中央銀行為什麼在下調利率的問題上表現得那麼猶豫不決。

圖表 6-9 1990 年前後日本政策利率和物價上漲率的變化趨勢

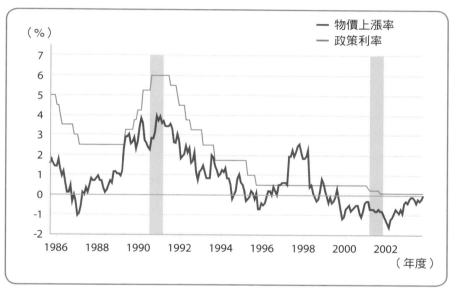

資料來源：美國聖路易斯聯邦儲備銀行。

注：陰影部分為美國全國經濟研究所判定的經濟疲軟時期。

1990 年代初，日本當局似乎都沒有充分認識到嚴重的通貨緊縮正在發生，錯誤的認為 1990 年波斯灣戰爭引起石油價格上升，導致的通貨膨脹壓力依然維持在很高的水準，所以日本中央銀行也好，財政機關也好，都對經濟抱有樂觀的態度，因而錯過了「刺激經濟」的最好時機。直到 1991 年日本政府才開始下調政策利率，但下調幅度過小，到了 1994 年利率還維持在 1.75%左右。決策當局難免因為這些缺乏積極性的措施被詬病。

07 一切都是財政緊縮政策惹的禍

　　透過前兩節的分析，我們了解到日本經濟陷入長期疲軟的原因，但是疑惑始終沒有得到解答。日本中央銀行為什麼一直到房地產價格泡沫破滅一年半之後，才開始下調政策利率？

　　很多經濟學家認為，這是因為日本沒有應對「通貨緊縮」的經驗。距離 1930 年代美國發生通貨緊縮已經是很遙遠的事情了，而 1971 年尼克森政府改革了國際貨幣體系以後，在近 20 年的時間裡日本一直在承受著通貨膨脹的壓力，不僅是日本，似乎全世界的中央銀行都很少對通貨緊縮有所警惕。

　　雪上加霜的是，當日本房地產價格形成了「泡沫」時，有人主張必須透過上調利率來解決。

　　在這裡讀者可能會聯想到曾在 1929 年支配美國聯準會的「清算主義」思潮。這讓人很自然的認為，日本中央銀行的想法和當年聯準會的想法肯定是相同的，要不然日本政府怎麼能在 1990 年將股票價格攔腰砍一刀，並在 1991 年房地產價格大幅下跌的情況下仍然遲疑不決，遲遲不提出下調利率的政策呢？

　　如果沒有「清算主義」傾向，是不會出現這種情況的。當然日本中央銀行推遲利率下調政策也有自己的考慮，那就是因為波斯灣戰爭導致的國際油價上升。

　　1990 年 8 月，以伊拉克進攻科威特為契機，國際油價開始暴漲。在波斯灣戰爭前國際油價為每桶 17 美元左右，可在 8 月 31日油價衝到了每桶 31.78 美元。隨著國際油價的上漲，日本的物價也開始顯現出不平穩的跡象。

　　也就是說，在股價暴跌的 1990 年 8 月 30 日，日本中央銀行把政策利率提高到 6％是有其理由的。但如圖表 6-10 所示，從

圖表6-10 日本 GDP 缺口與物價上漲率的變化

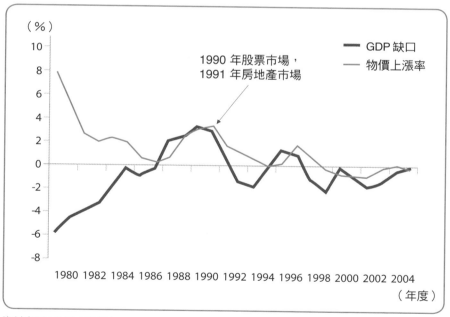

資料來源：IMF（2018）。
雖然 1992 年 GDP 缺口轉負等通貨緊縮的現象，對整體經濟產生了強烈的衝擊，但直到 1994年日本中央銀行也未採取擴張的財政政策。
結果就是，整體經濟出現了嚴重的通貨緊縮，加上 1997 年消費稅的上調，使日本成為 1929 年大蕭條之後，第一個陷入慢性通貨緊縮和經濟萎縮泥沼的已開發國家。

1992 年開始，在 GDP 缺口（GDP Gap）跌至負數、通貨緊縮壓力增大的時候，日本的中央銀行還將政策利率維持在 2.5％，不管從哪個角度看都是失策。

GDP 缺口是用實際 GDP 減去潛在 GDP 後，再除以潛在 GDP 計算出來的數值。GDP 缺口是一種指標，它是和沒有通貨膨脹的條件下能達成的最大水準（潛在 GDP）進行對照，以此顯示出經濟過熱到什麼程度，或者停滯到什麼程度。

如果結果顯示為正，則表示經濟過熱，通貨膨脹發生，如果結果顯示為負，則表示經濟疲軟，發生通貨緊縮的壓力在上升。

為了理解 GDP 缺口，我們設想一下有一個年產 100 萬輛汽車的工廠。這個工廠有 1 萬名勞動者，5,000 名為正式職員，5,000 名是臨時工。如果某一年經濟形勢好轉了，市場需要 110 萬輛汽車，會發生什麼情況？

因為難以預測這樣的需求能持續多長時間，所以公司會認為與其僱用新的員工，不如使用現有的正式職員就好，讓他們加班來滿足市場需求。但是加班的話，要按小時支付加班費，時薪會上升，而且 5,000 名正式職員當中會有一些人因難耐勞動強度的提升而經常缺勤。因此公司極有可能把一部分臨時工轉為正式職工，同時把成本價的上升轉嫁到產品價格上，提高汽車價格。

相反，假如這家工廠生產的汽車年需求量下降到 80 萬輛，會出現怎樣的局面？

一方面工廠為了應對汽車需求量的減少，會分批裁減臨時工，另一方面，如果裁員未能解決問題，汽車庫存卻在持續增加，公司就會下調汽車銷售價格。

在這個例子中可以看出，**市場需求較生產能力更高的話（即 GDP 缺口為正）**，就會增加工作機會，物價也會上升；相反，如果**市場需求不及生產能力（即 GDP 缺口為負）**，就會出現工作機會減少、物價下降的現象。

1991 年至 1992 年，日本當局斷然認為經濟形勢不會急劇惡化，進而也否定了 GDP 缺口轉負的可能性。當時日本的經濟企劃廳認為「日本經濟正在繁榮發展」，並判斷當時不是推出經濟刺激政策的時機。直到 1992 年 2 月才承認了經濟疲軟，但還是等到同年 8 月才推出大規模的經濟刺激政策。

總額相當於 10.7 兆日圓的大規模經濟刺激政策，雖然使日本經濟開始復甦，可是住宅供給的持續增加，和它所誘發的房地產價格進一步下跌，以及政府在 1997 年採取的提高消費稅等財政緊縮政策，使日本經濟陷入了「失去的 20 年」，持續低迷到 2012 年才開始好轉。

08 寬鬆貨幣政策，各國都在做

　　從上一節的分析中，我們了解到一個國家一旦陷入通貨緊縮的泥沼，這個國家就很有可能要經歷長時間的艱難歲月。歐洲就是一個典型的例子。2008 年全球金融危機爆發以後，歐洲經濟始終掙扎在低迷之中，究其原因，應該是歐洲中央銀行（ECB）的失策。

　　下頁圖表 6-11 顯示的是 2008 年金融危機前後，歐洲經濟增長率和政策利率（重貼現率），從圖中可以看出 2001 年重貼現率的上升。雖然經濟增長率在 2010 年轉正是事實，還有受到席捲中東政治風暴影響的石油價格上升也是事實，但是這不足以說明當時原本歐洲經濟的內部環境是正常的。

　　首先，當時南歐眾多國家因房地產價格暴跌形成了大量的不良貸款，而銀行受其影響開始陷入不正常運轉的惡性循環。銀行的運轉是否健康往往用國際結算銀行（按：Bank for International Settlements，致力於國際貨幣政策和財政政策合作的國際組織，縮寫為 BIS）的資本充足率（BIS ratio）來測定，是以貸款等風險資產除以自有資產得到的比率。

　　例如，擁有 8 兆日圓自有資產的銀行最高可放貸 100 兆日圓。（當然，風險數值會因具體貸款性質而有差異，如企業貸款、房

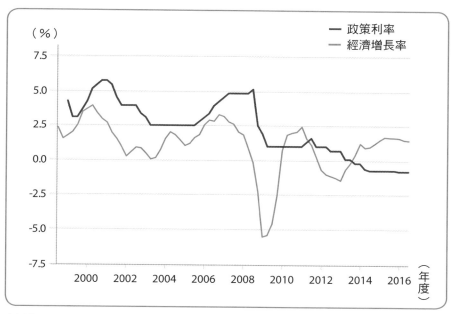

圖表 6-11 2008 年前後歐洲經濟增長率和政策利率的變化

資料來源：美國聖路易斯聯邦儲備銀行。

如果政府在經濟增長率急速下降時，未能及時採取措施會出現怎樣的局面呢？當時的歐洲就是最典型的例子。就像日本中央銀行對經濟形勢過於樂觀一樣，歐洲中央銀行在 2007 年草率上調利率之後，直接導致經濟崩潰，而在歷經兩次上調利率後，歐洲經濟也在 2011 年陷入了低增長的泥坑。

地產貸款、國債、債券等都不盡相同。）

　　如果資本充足率低於適當水準（大部分的銀行為 8％），中央銀行就會要求這個銀行採取「適當措施」，所謂「適當措施」就是向顯現出虧損跡象的金融機構提出「即刻糾正」的要求，以保證銀行能健康運轉。

　　在採取措施的過程中，銀行會採取解僱職員、擴大自有資本、

（％）

出售資產等殘酷手段推進結構調整。從銀行角度來看，當發現貸款可能變成呆帳，資本充足率不足 8％時，就會產生要搶在別的銀行之前收回極有可能變成呆帳貸款的動機。

在這種經濟環境下中央銀行該如何應對呢？正確答案應該是，要堅定的維持低利率政策，並耐心等待房地產市場的恢復和金融機構的重新健康運轉。

還有，像美國那樣採取「量化寬鬆」的貨幣政策，以看起來近乎「過分」的程度向市場注入大量貨幣，也不失為一種好招數。

但是當時的歐洲中央銀行的做法卻正好相反，以通貨膨脹壓力大為藉口，兩次上調了利率。由此產生的惡果大家都看到了。

繼 2010 年的希臘之後，2011 年在歐元區 GDP 排名第三和第四的國家義大利與西班牙都因為無力還債，到了接受金融救助的地步，再加上 2015 年夏天發生的希臘公投事件，使得歐洲經濟不得不經歷漫長的停滯期。

多虧了當時的歐洲中央銀行總裁馬里奧・德拉吉（Mario Draghi）果斷實行下調利率政策，並推行大規模的量化寬鬆政策，從 2011 年 11 月開始，歐洲總算擺脫了迫在眉睫的危機。

但是迄今為止，歐洲的整體經濟增長情況還是不及其他已開發國家。當然 2011 年春天的兩次利率上調，並不是引發所有這些問題的唯一原因，還有歐元體系自身所具有的局限性，以及歐洲未擺脫對德國 1923 年超級通貨膨脹的厭惡情緒等多種複雜因素。

但是，如果當時歐洲中央銀行上調利率的政策，哪怕是推遲到南歐國家的金融體系恢復之後再實施，那麼如今的歐洲經濟一定會遠比現在繁榮。

7

1997年全民捐
黃金運動，
韓國怎麼了？

01 過去 50 年，人均所得提升了 300 倍

　　世界各地的收入水準非常不均衡，少數工業化成功的國家其國民收入非常高，而且還在不斷的增長，但是那些工業化失敗，或者未曾嘗試工業化的國家，人民的生活水準甚至可能比古代或中世紀還低。

　　從下頁圖表 7-1 中可以看出，1960 年韓國的人均所得約一百美元，可到了 2008 年人均所得上升到了近三萬美元。如果按這個速度增長，韓國的人均所得大有可能在數年之內超過日本。

　　某個國家的人均所得一旦超越一定的界線（例如 1.4 萬美元），就會出現增長勢頭減弱，甚至經濟規模削減的現象，這一現象通常被稱為掉入了「中等收入陷阱」（Middle income trap）。

　　「中等收入陷阱」一般指的是新興發展中國家，在發展過程中出現的那種初期經濟增長勢頭迅猛，然後逐漸失去增長彈力的現象。

　　很多國家之所以會陷入中等收入陷阱，是因為沒能適應「成長方式」的變化。在經濟增長初期，新興發展中國家依靠豐富的勞動力、低廉的工資、便宜的地價很容易引進外資。當外國投資者開始投資時，工作崗位增加、失業率下降，整體經濟也開始活躍了。

　　但是過了 10 年或 20 年，高速增長的經濟會很自然導致薪水

圖表 7-1 1960 年至今，日本、美國和韓國的人均收入變化情況

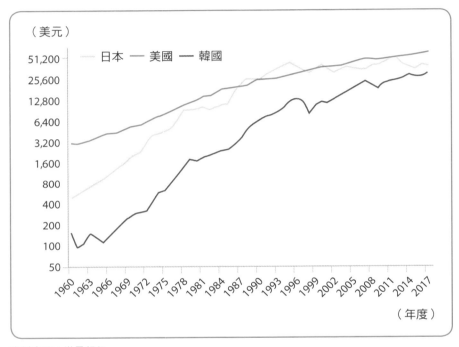

資料來源：世界銀行。

和土地價格上升，在這過程中外商的投資很有可能中斷，甚至有
可能發生已經引入的外資重新流出海外的事情。

當然，如果該國在經濟增長過程中充分掌握了技術，就可以
進行「品質競爭」，可是新興發展中國家的企業大部分沒有自己
的品牌，更沒有能力適應新的環境。

為什麼那麼多的國家始終擺脫不了貧困的惡性循環？從 19 世
紀初英國開始進行工業革命以來已經過了兩百多年，經濟增長的

方法已經不是什麼祕密，可為什麼別的國家就是追趕不上呢？很多學者都在探究這個課題，得出的結論大致有以下三個要素阻擋了發展中國家的工業化道路。

第一是發展中國家的低工資。在第三章中我們提過，英國進行工業革命的最大動機是為了解決高工資的問題，是因為急需能夠節省勞動力的技術。

反觀印度、韓國等相對於土地面積而言人口較多的國家，這些國家的平均工資僅夠勉強餬口，所以他們既沒有發動工業革命的「動機」，也沒有發動工業革命的「資本」。這個問題迄今為止還是發展中國家揮之不去的噩夢。

如果說已開發國家開發了能夠節省勞動力的技術，而使用這個技術必須購買價格昂貴的機械，那麼具有豐富的勞動力而資本卻極其缺乏的發展中國家，就根本沒有必要引進這樣的技術。

就這樣，低水準的工資導致了一種惡性循環。如果極少數的地主占據著大部分的土地，而且還滿足於現狀的話，這個社會就不可能產生技術革新。因為相對於土地而言勞動力過剩，所以即使有更多的土地，也不愁租不出去。

地主們掌控著土地（相對有限的資源），所以他們可以維持很高的收租標準。實際上在被日本侵占期間，韓國的收租標準是總產量的一半。如果考量到種地所需的種子價格、農機具的投入等，佃戶所得一般不到產量的 30%。不少地主甚至還放高利貸。

過高的地租和利息，以及沒有延期保障的租地期限，所有這些都將佃戶們壓迫得沒有餘力對灌溉設施進行改善，或者購買肥料以提高產量。

　　相反，地主們倒是有能力進行投資以提高產量，可是地租本身很高，加上承租人如果不能還債的話，可以占有作為擔保的土地（承租人自己的土地），以此擴大自己的土地面積。地主們透過這種高利貸業務可以賺取很多的錢，所以沒有熱情為增加產量進行資本投資。

　　老百姓超低的、僅夠生存的收入和地主的高利貸業務並存，就會導致整個社會受教育程度低下，所以有不少國家大部分人口為文盲。（1944 年的人口普查顯示，15 歲以上的人口中無學歷者的比重，男性高達 80％，女性高達 93％。）

　　無學歷者的比重如此之高，一是因為日本帝國主義的侵占致使教育無法發展，二是因為只有地主有經濟條件可以投資子女教育。

　　如果國民大都受教育程度低，甚至是文盲的話，就很難學會和掌握從已開發國家引入的資訊和通信技術及工業技術。地主的子女們倒是有條件可以學習，可是大多數地主都選擇抵制與對抗新技術。

　　下一節我們來看看，1945 年以後韓國是怎樣越過這一巨大障礙的。

02 美軍推動的《土地改革法》，是發展的基石

　　低廉的勞動力、土地所有權的極端不平衡，還有國民的受教育程度低，在這三座大山的重壓下韓國是怎樣完成工業化的？

　　在這裡有必要關注一下盟軍託管朝鮮時期（1945 年至 1948 年美國對韓國的軍事統治時期）的兩個政策，即組建強而有力的統治機構，和進行循序漸進的土地改革。

　　1945 年 8 月末，美軍進入朝鮮半島南部時，土地掌握在極少數人手中，土地所有權的分配狀況極為不公平。

　　在日本帝國主義侵占期間，從日本來的地主和本地地主們占據了大部分的土地，而失去土地的農民們不得不離開農村成了工人。問題是日本帝國主義的敗亡，導致了原物料供應的中斷和製造業發展停滯，城市中的工人們不得不再次回歸到農村。

　　大地主們大肆實行傳統的集約化農業及地租制度，其結果就是農業產量的全盤減少和經濟的蕭條。

　　在這種情況下，全體國民最為關心的就是土地的分配。美國軍政廳在這方面下了不少功夫。首先在 1946 年把佃戶應向地主繳納的地租降到當年總產量的 1/3，其次更把朝鮮總督府擁有的大規模土地賣給了農民。

　　特別值得一提的是，軍政廳不僅把總督府的土地賣給農民，還

◀ 圖表 7-2 1950 年 3 月修訂發布的土地改革法案。

1948 年大韓民國政府成立，農民們最關心的就是土地改革。對此，政府在 1949 年制定了《土地改革法》，並在 1950 年 3 月公布了《土地改革法修訂案》及《土地改革法實施條例》，使之合法化和制度化，且於同年 5 月開始實行土地改革。

接管了日本地主所有的土地，並在 1948 年初賣給了農民，使近 60 萬個家庭，即占農業人口 24.1% 的農民，重新擁有了自己的土地。

當時的美國軍政廳之所以實行了這種有點不倫不類的「土地改革」，是為了降低共產主義的影響。當時主導這項土地改革工作的經濟學家沃爾夫‧拉德金斯基（Wolf Ladejinsky）回憶道：

我之所以推行這項工作（土地改革），是因為在 1921 年初，我離開俄羅斯之前得到了教訓。如果當時一勞永逸的將土地歸還給農民，並以這種方法解決土地問題，共產主義者們是絕對沒有機會掌握政權的。

　　1952 年艾森豪總統當選以後，極端反共主義者們得勢，以沃爾夫‧拉德金斯基為首的土地改革論者們失去了立足之地，不過韓國已經在朝鮮戰爭前夕完成了土地革命。

　　1950 年 3 月，大韓民國首任總統李承晚政府通過了《土地改革法》，該土地法規定「凡是土地所有者，不直接耕作的所有土地和所有超過 3 萬平方公尺的土地（個人所有）」都是重新分配的對象。

　　還有，按照該法案，農民從政府手裡購買土地所需的金額是該片土地年產量的 150％。而當時政府從地主那裡接管土地的費用，大部分都由美國的援助支付。

　　在這裡簡單談一談為什麼要強調土地改革的重要性。土地改革帶來的第一個變化是「經濟增長」。地主們靠高利貸業務也能賺取足夠的錢，所以對技術投資沒有什麼熱情，而佃農們首先沒有能力投資灌溉設施，對延長租地契約也沒有足夠的信心，所以連購買肥料也要經過再三考慮。

　　因此在土地改革之前，韓國雖然是一個 90％人口從事農業生產，典型的農業國家，卻也做不到糧食自給自足。如果沒有美國的援助，就可能馬上會出現大規模的貿易赤字。但隨著土地改革的實施，農業生產效率得到了顯著的提升。

　　下頁圖表 7-3 顯示的是 1954 年後，農林漁業收益的增長率和經濟增長率之間的關係。可以發現，1954 年至 1963 年韓國的農林漁業發展速度很快，增長率達到 5.1％，接近了同期經濟增長率（6％）。

　　如果考慮到 1953 年農林漁業產值占國內總產值的 48％的話，

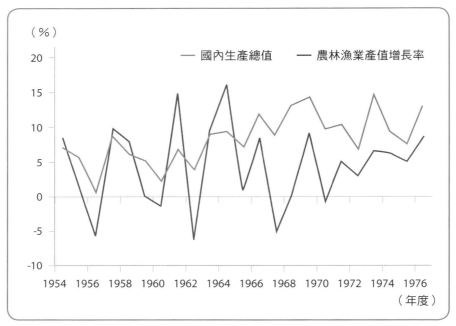

圖表 7-3 1954 年以後，韓國國內生產總值和農林漁業產值增
長率的變化

資料來源：韓國銀行經濟統計局。

那麼當時經濟增長相當大的一部分是得力於農業生產效率的提高。
雖然從 1963 年開始，韓國的經濟高增長主要靠的是以出口為主的
工業化，但切不可忘記，這也是因為以農業為主導的經濟增長先
為它打好了基礎。

　　土地改革以後，農業生產率發生顯著變化的原因在於「動機
的產生」。在種地種得再好，也會被地主剝奪大部分收益的環境
下，農民很難產生要增加產量的動機。

對勞動力嚴重過剩的發展中國家來說，開發初期最為重要的不是效率，而是**最大限度的使用過剩的勞動力產出最高產量**。也就是說，哪怕人均收入再低，也要盡力使用勞動力。

別的國家暫且不論，韓國的民眾，毫無疑問，因為收入的增加開始有條件投資子女教育了。1944 年末 15 歲以上的人口中無學歷者，男性為 80％，女性為 93％，而到了 1955 年這個比例變成了男性 50％，女性 80％。

此後良性循環就開始了。農業生產效率的提高，使得農村的剩餘勞動力轉移到城市，而企業則可以僱用他們生產內需產品，抓住國內市場發展的機會。但是若要實現全面的經濟增長，就必須要培育製造業。下一節我們來談一談這個問題。

03 低利率政策，使出口企業蓬勃發展

　　1950 年代中期，以農業為主導的經濟開始了爆發式增長以後，韓國政府面臨培育製造業的課題。從農業領域開始的經濟增長，通常在 10 年之後就會開始消弱，而出現這種現象的原因是「邊際效益遞減」。關於這一點我們在第三章的第二節講工業革命時就談過，所以這裡就不贅述了。

　　當農業生產的進一步提升遇到瓶頸時，突破口就是製造業。當時韓國生產的農產品能夠養活 3,000 萬人口，但是把這樣的農業培育成出口型產業是很困難的，因為韓國農產品價格比許多已開發國家的農產品價格還要高。在培育製造業的道路上存在著很多的障礙，不僅需要投入大規模的資本，還需要經歷漫長的時間。

　　這一點用「學習曲線」能夠很好的加以說明。透過學習曲線可以看出產量越高，每個產品的生產成本就越低。生產效率的增長需要時間的累積，還有團隊的協作。要理解這個學習曲線，航太製造業界的第二大企業洛克希德公司（Lockheed Corporation）的事例能為我們說明。

　　1971 年，洛克希德公司的訂單因航空需求增加變得多了起來，公司開始著手研究能乘坐 260 至 400 名乘客的革命性航空器——三星廣體噴射客機。洛克希德為了生產新型航空器開始籌措資金，

並要求美國政府為建立工廠提供貸款擔保。

可是 1973 年，當工廠還沒有蓋起來時，美國空軍就做出了悲觀的預測，認為洛克希德公司的新型航空器計畫並不划算。他們研究了那段時間的戰鬥機生產，發現生產的飛機越多，組裝一架飛機的時間就越短，而且組裝每架飛機的費用也會減少 20%。

假設製造 4 架飛機，每架飛機的平均費用為 100 萬美元，那麼製造 8 架，每架飛機的費用就變為 80 萬美元，如果製造 16 架飛機，每架的費用則會減少到 64 萬美元。

換句話說，工人們在生產過程中會變得越來越有效率，費用也會隨之減少。如果按照此計算方法計算，那麼洛克希德公司大約在 11 年後，也就是在生產出第 1,024 架飛機之後，投資才能夠開始有收益。

美國空軍的預測是準確的。洛克希德公司在 1970 年代始終被經營危機困擾，一直到了 1980 年代初，得益於雷根總統大規模擴大軍費開支，才免於破產。

從以上的事例中可以看出，即使工廠開工了，也無法確定什麼時候能開始有收益。所以，當靠軍事政變掌權的朴正熙政府[1]宣告要培育製造業時，沒有幾個企業家站出來回應。而這時，韓國政府就採取了非常有效的策略——「胡蘿蔔加大棒」。

首先韓國政府拋出了企業家們無法抵禦的、充滿誘惑的「胡蘿蔔」——低利率政策。

---

[1]1961 年，朴正熙發動五一六軍事政變推翻韓國第二共和國，掌握大權，後統治韓國長達 18 年之久，直至 1979 年 10．26 事件發生，被其中央情報部長官金載圭槍殺。

圖表 7-4 1963-1976 年韓國主要利率的變化情況

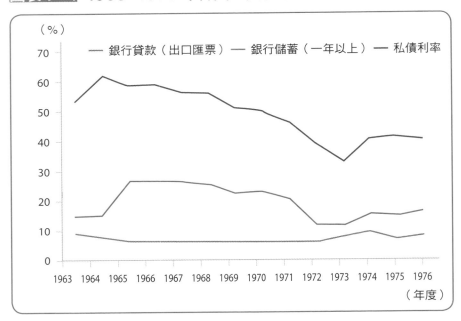

（%）

— 銀行貸款（出口匯票）　— 銀行儲蓄（一年以上）　— 私債利率

參見：《韓國的經濟危機與克服》（한국의 경제 위기와 극복）。
17 世紀英格蘭的事例告訴我們，一邊是借貸方的信譽度不夠，一邊是備受通貨緊縮煎熬的國家，只能選擇維持高利率。1960 年，韓國的私債利率高達 60%，而政府向出口企業提供的貸款利率不過只有 6%，所以只要能夠出口，這個公司老闆就能賺取相當大的利息差額。

　　從圖表 7-4 中可以看出，1960 年代韓國的私債（個人放貸給企業）利率最高竟達到 60%，就算最低時也有 40%。農村產出了剩餘農產品，但這些並沒有直接變成儲蓄，所以當時韓國經濟始終處於通貨緊縮的窘境。

　　在這種情況下，韓國銀行向出口企業提供的貸款利率從 1966年到 1972 年間始終維持在 6%，即便後來上調了，也維持在 8%的水準。這等於是說，只要有出口的業績，就可以獲得比市場利

率低 50％的長期貸款。當然也有以建設出口企業為名，利用低利率買土地的企業人。

　　實際上在 1972 年 8 月 3 日《關於經濟安定與成長的緊急命令》（凍結個人放貸給企業的緊急財政命令）推出時，查出來的私債錢主中，有 30％為企業的股東或者高管。冒充出口企業從銀行貸款，然後放貸給別的企業大賺其差價的事情比比皆是。

　　但是當時的韓國政府對此的態度是，只要這些企業確實有過出口業績，就不再追究。但是如果這些企業沒有什麼出口業績，就將實施強力的「註銷」措施。

　　在這裡用「註銷」這個字眼，是因為政府會將這些蓋好廠房以後沒有出口業績，而且被判定不會達到預期目標的企業，強行合併到別的成功企業中，或者透過國有金融機構體系回收其資金，甚至採取使之破產的極端制裁方式。最具代表性的就是 1970 年代後期開始的「重化學工業產業合理化」措施。

　　當然這樣的措施並不是韓國首創。早在 1930 年代，日本在研究德國的做法後，就「合理化」的把諸多製造業部門合併了，並在第二次世界大戰以後加速了這一進程。

　　朴正熙政府野心勃勃的推進「以出口製造業為主導的經濟增長」戰略能夠成功，也有其幸運的成分。1960 年代開始的越南戰爭和物流革命，也為韓國及東亞的工業國打開了一個巨大的市場。關於這一點我們下一節再細談。

04 「日韓製造」風靡美國，受益於越戰爆發

　　給大家講一個有趣的故事。我最近讀到一篇專欄文章〈鐵路運輸和海上運輸的單價比較〉，根據這篇文章所述，假設從美國最西部的洛杉磯使用「海運」運送貨物到田納西州的曼非斯，每個貨櫃可以比用鐵路運輸節省約兩千美元。

　　如果走海運從美國西部洛杉磯到位於美國東南部的曼非斯，要經過巴拿馬運河來到密西西比河河口的紐奧良，然後再沿著密西西比河逆流而上，這段距離大約有四千八百英里。但是如果用鐵路運輸的話，距離大概是兩千英里，也就是說海運距離是陸運距離的 2 倍以上。

　　那為什麼海運會遠比陸運便宜呢？

　　這是因為海上運輸領域一直持續不斷的進行改革。如果用可通過巴拿馬運河的貨櫃船（New Panamax 級別）進行遠端運輸的話，1 英里的費用大約是 0.8 美元，而鐵路運輸所需要的費用 1 英里大約是 2.75 美元——當然也要考慮到 2008 年全球金融危機爆發後，海上運輸費用下降了不少。所以只要運費沒有大幅度上漲，海上運輸還是非常占優勢的。

　　這種運輸費用的巨大差距來自 1960 年代初出現的貨櫃運輸體系。而美軍在越南戰爭初期沒能占到優勢，並陷入持久戰的原因

也正是補給上出了問題。

　　根據當時越南的情況，可以說世上再沒有別的地方比它更不適合派出現代化部隊作戰了，因為越南國土南北總長約一千一百公里，而能夠滿足水深需要的港口只有一處，鐵路也只有一條。

　　更為不利的是，美軍實際上能夠利用的唯一港口西貢（現為胡志明市）位於湄公河下游的三角洲，遠離戰場，而且港灣設施也處於飽和狀態。每次使用接駁船往返港口和海上的貨船之間卸載彈藥所需的時間，短則 10 天、長則可達 30 天。

　　狀況惡劣到如此地步，美國政府不得不考慮新對策。這時美軍的研究團隊提出了一個從根本上改變運輸方式的提案。

　　這個提案的第一項就是**統一所有貨物的包裝方式，即使用鐵製貨櫃**。這樣不僅使貨物在規格上達到了統一，而且可以大量節省裝卸貨的時間。這個方法令當時還處在「孕育期」的貨櫃產業迅速發展起來。

　　1966 年 1 月，在檀香山召開的最高級會議上，美軍聯合參謀部發表了最新政策──和民間企業簽約，委託民間企業完成港口的營運等企業有能力完成之業務。

　　但這個決定付諸實施卻耗費了很長時間。西貢港的裝卸工們罷工，堅決反對建立貨櫃碼頭，美軍也沒能及時判斷這樣艱鉅的任務應該交付給什麼樣的公司。

　　可是貨櫃港口一旦建成，其餘的事情基本是綱舉目張了。在金蘭灣軍事基地建成的貨櫃港代替了西貢港，一次可以卸下一艘巨輪裝載約六百個左右的貨櫃。如此，美軍在越南的補給問題得到了解決。當時美軍海洋運輸船團司令甚至評價：「7 艘貨櫃船可

抵 20 艘散裝貨船」。

　　這也給東亞各國的發展帶來了機遇，在金蘭灣卸完貨回美國的回頭船，順道於日本的神戶港裝滿電子產品前往美國，並在美國掀起「日本製造」的風潮。也就是說，越南戰爭引起的戰時經濟和運輸費用的大幅減少，使日本和韓國有了這奇蹟般的經濟增長機會。

　　因為在美國製造產品的成本，遠不及使用低廉勞動力的東亞地區，所以新的貿易方式出現了。當然能夠享用價廉物美產品的美國等已開發國家的消費者們受益最大，而東亞各國則有了培育製造業的機會，為發展成工業國家打好了基礎。

　　從下頁圖表 7-5 可以看出，1960 年代初期以後韓國經濟飛速增長。從 1963 年到 1972 年，韓國的出口額年均增長 38.2％，同期的製造業比重從 13.4％直線上升到 20.0％。

圖表 7-5 韓國國內生產毛額增長率和出口額增長率變化情況

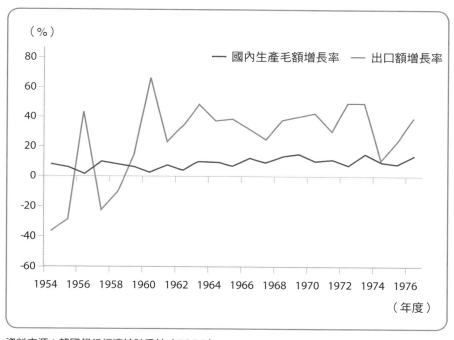

資料來源：韓國銀行經濟統計系統（ECOS）。

在 1950 年代主導韓國經濟增長的是農林漁業，而在 1960 年代主導韓國經濟增長的則是出口業。從 1963 年到 1972 年，韓國的出口額年均增長 38.2%，同期製造業的占比從 13.4% 躍升到 20.0%。

05 1997 年外匯危機，歸咎於固定匯率

　　前些日子我看了一部有趣的電影，名叫《分秒幣爭》，講的是 1997 年韓國外匯危機發生的前因後果。但是我不能苟同大部分的內容，而且感到些許的遺憾。

　　為什麼 1997 年韓國會發生外匯危機？我認為，在維持固定匯率制度的同時，又想推進金融自由化的韓國政府負有最大責任。

　　設想一下在 1990 年代，像韓國這樣對外貿易特別活躍，資本也自由流通，卻限制勞動力流動的小國家，如果有那麼一天，這個國家的主力出口產品（例如半導體）價格暴跌，出口量急劇下降會發生什麼情況？

　　首先是國內工作機會和國內生產毛額減少，然後經常帳因受出口減少的影響產生大規模赤字，而銀行會採取下調利率的措施加以應對，同時投資到這個國家的熱錢就會大量流出海外。

　　經常帳和資本與金融收支的同時惡化，會導致外匯供給的大量減少，而本國貨幣的匯率會大幅上升（本國貨幣價值下跌）。可不幸的是這個國家施行的是固定匯率制度，所以在這種情況下這個國家的中央銀行只能採取在市場上拋售外匯，同時回收本國貨幣的措施。

　　但是，貨幣供給的減少會導致總需求的減少，而總需求的減

▲ 圖表 7-6 1998 年 1 月 6 日韓國國民捐獻黃金的現場。1997 年外匯危機爆發後，韓國國民為了償還國家的外債自發性發起捐獻黃金運動。當時捐獻的黃金約有 227 噸，價值約為 21.3 億美元。

少又會導致生產量的減少和失業率的增加。如果「有幸」因經濟不景氣，導致經常帳的赤字迅速得到了解決倒還好，不過要是沒有那麼「幸運」，經常帳改善速度依舊緩慢的話，這個國家就要面臨外匯耗盡，而不得已向國際貨幣基金組織申請金融援助的重大危機。

但是，如果這個國家施行的是浮動匯率制度，放任貨幣貶值，商品價格的競爭力就會隨著匯率急升而提高，進口會減少、出口需求會增加。

另外，因為其中央銀行施行的不是固定匯率制度，所以不需要減少貨幣供應，而出口需求的減少也不影響總需求，國內經濟也不會萎縮。

當然，以美元來換算，這個國家的國民收入也許會下降，但

絕不至於出現類似向國際貨幣基金組織申請金融援助的極端狀況。

因此，1997 年韓國發生的外匯危機，應歸咎於當局施行的一邊開放市場，一邊採用固定匯率制度的政策。

圖表 7-7 所示的是 1997 年前後韓國的經常帳和利率水準。可以發現 1995 年至 1996 年前後，在韓國的經常帳急劇惡化時，利率卻下降了。

圖表 7-7 1997 年前後韓國的經常帳和利率變化情況

資料來源：韓國銀行經濟統計系統。
1995 年前後，韓國的經常帳開始急劇惡化，公司債利率降到歷史最低水準。經常帳的惡化會使外匯市場匯率上升，而如果此時採取下調利率等寬鬆的貨幣政策，就會有外匯儲蓄急劇枯竭的可能。
當然，如果沒有 1997 年 7 月泰國的外匯危機，也就不會有韓國的外匯問題。但就像體質羸弱的人容易患感冒並容易發展成肺炎一樣，在外匯供需狀態惡化的情況下，再加上外部的不利因素，韓國經濟終於陷入了不可控制的惡性循環。

　　當時美聯準會主席葛林斯班正在上調政策利率，而韓國在經常帳赤字日益擴大的情況下，卻採取了下調利率的措施，這是否得當？令人質疑。

　　當然，在外匯危機之前韓國的貨幣政策主要側重於調節「貨幣供給量」，而不是調節「利率」，所以把1990年代中期的利率下調政策都歸咎於政府，也有勉為其難的地方。隨著金融市場的開放，綜合金融公司可以從海外以低利率籌措資金，這也是整體經濟利率下跌的一個原因。

　　而韓國決策當局也採取了寬鬆的貨幣政策，因此，1990年代中期出現的低利率環境不僅是因為金融開放政策，還要歸功於豐富的貨幣供給。

　　固定匯率制度具有能夠維持匯率穩定的長處，但是會失去調整利率政策的自由。當然，如果不開放資本市場，並對其加以控制，即使美國上調了政策利率，也完全可以用下調利率來應對。但是從1992年開始，韓國選擇逐漸的開放了市場。

　　在這裡讓我們暫且從當時購買韓國股票的外國人角度思考一下。1992年開始他們不停的擴大投資規模，但同時擔憂韓國的經常帳會惡化。而韓國政府在沒有施行「浮動匯率制度」的環境下，卻不斷誘導銀行貸款及儲蓄利率的下調。

　　在這種情況下，從投資者角度可以信賴的就只有韓國企業的業績了，可是1996年下半年美國的半導體股票分析師們都在大談「記憶體供求失衡」，並極力規勸全球股民拋售韓國的半導體股票。在這種情況下，是你會怎麼做？

　　因此，從1997年9月起連外國投資者也開始逃離韓國股市，

一個月以後，韓國便申請了金融援助。

　　當時的韓國還真是倒楣。首先是 1990 年以後日本經濟崩潰，使日本的金融機構開始銳減對亞洲地區的貸款；其次是 1997 年 7 月的泰國外匯危機，使眾人開始擔憂別的國家也會像泰國一樣遭受金融風暴，而這種憂慮心理對韓國外匯危機的爆發，也起到了推波助瀾的作用。

　　但是如果韓國政府在 1995 年，或者 1996 年下半年，甚至是 1997 年 7 月開始施行利率上調等緊縮政策，也絕不至於蒙受向國際貨幣基金組織申請金融援助的恥辱。

06 海外投資者接管銀行，實現利率自由化

　　也許有不少讀者不同意上一節的觀點，認為在外匯危機前夕韓國企業的危機已經來臨了，如韓寶、起亞等很多企業破產是鐵的事實。

　　不可否認，只要有出口業績就能得到低利息貸款的舊體系，是誘發供給過剩和企業接連倒閉的原因之一，但是在這裡需要特別指出的是，在過去這種程度的危機曾非常頻繁的發生。

　　從 1972 年 8 月 3 日的整頓措施開始，到 1980 年的第二次石油危機這段時間，面對多次危機，韓國政府都是透過迅速的調節匯率順利度過的。從下頁圖表 7-8 中可以看出，1971 年和 1980 年韓元對美元的匯率經歷了階段性的調整。

　　外匯危機產生的原因先談到這裡，現在我們來看一下外匯危機以後韓國經濟的發展走向。

　　在我看來，外匯危機以後韓國經濟發生的最大變化是金融自由化，如果說之前是由政府來決定匯率和利率的話，外匯危機之後是**市場的供需決定了匯率和利率**。這給韓國的經濟帶來了巨大的變化，其中最重大的改變是，**中央銀行的作用比以往任何時候都更強了**。

　　很顯然，開放資本市場的國家在施行固定匯率制度時，其利

圖表 7-8 1965 年以後韓元對美元的匯率演變

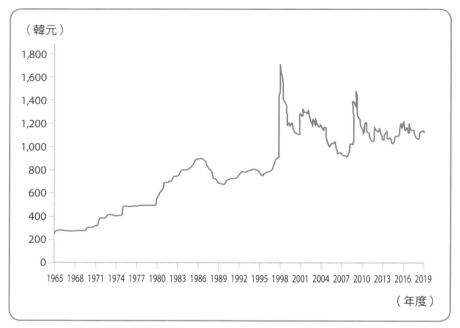

資料來源：韓國銀行經濟統計系統。
一般認為在固定匯率制度（或者管制變動匯率制度）下，韓元對美元的匯率是固定的，但現實中並不是這樣。從 1960 年到 1980 年，每當韓國政府判斷經濟形勢為經常帳惡化、出口企業的競爭力弱化的時候，都隨即上調了匯率。

率基本上都從屬於美國的利率。這是因為外匯市場的變動性幾乎為零，很難形成差價交易。

　　例如，如果能在路邊用 1,000 韓元買一個蘋果，然後到路對面賣出 2,000 韓元的話，大家都會那麼做的。但是隨著人們不斷進行這種操作，蘋果價格最終會被調整，有差價的狀況不會持續多長時間。

▲ 圖表 7-9 日本帝國主義侵占時期位於明洞的朝鮮銀行（右）。朝鮮銀行成立於 1929 年，在 1958 年更名為韓國第一銀行。1998 年外匯危機時政府資金注入，之後海外的出售進程開始推進。最終在 2005 年被英國的渣打銀行收購。

就像剛才講的蘋果交易，在一個市場買入資產，並在另外一個市場賣出贏得利潤，叫做「差價交易」。

在固定匯率的制度下，利用利率差價進行差價交易很容易。例如，當韓元對美元的匯率固定為 1,000 時，如果美國的利率是 3％，韓國的利率是 1％，只要在韓國借到錢存到美國的瞬間，你就已經賺到 2％的差價了。

還有，如果主導這一交易的金融機構信譽很高的話，這種交易就將持續的進行，這樣韓國的錢就會源源不斷流向美國，因此必須把韓國的利率上升到和美國利率持平。

當開放資本市場的國家施行固定匯率制度時，中央銀行是沒有存在感的。之前韓國中央銀行的主要業務，是在發生金融危機

時為銀行或者政府提供緊急資金、監督銀行是否健康運行，以及發行貨幣。

但是 1997 年以後，隨著浮動匯率制度的實施，韓國中央銀行開始掌握了非常重要的「手段」，那就是政策利率。

一般韓元對美元在 1 年內的匯率波動在 50 至 100 之間，兩個國家的利率相差約 1％到 2％，這不會產生什麼大的影響。但之後韓國中央銀行開始不再受美國中央銀行利率的限制，可以自行調整利率了。

中央銀行的利率變化對整體經濟有著立竿見影的效果。下調利率會使貨幣供給增加，經濟形勢就會變好，反之，如果上調利率，貨幣供給就會減少，經濟形勢就會變壞。

大家可以回想一下前面所提到的托兒合作社的事例。由此，韓國經濟波動幅度跟 1997 年以前相比更小了。

最典型的例子就是，當美國等已開發國家因全球金融危機備受煎熬時，韓國經濟在 2008 年增長了 2.8％，在 2009 年也增長了 0.7％。當然，從 2009 年開始，政府擴張的財政政策對阻止下跌做出了貢獻，但是如果韓國中央銀行在 2008 年秋天沒有果斷、迅速下調利率的話，韓國經濟所遭受的衝擊將更大。

不僅是浮動匯率制度的施行，還有利率自由化的形成也給整體經濟帶來了巨大變化。

在外匯危機之前，雖然韓國政府逐漸推進了銀行利率的自由化，但是如果不是出口大企業，想從銀行貸款，其難度相當高。不過 1997 年外匯危機之後，隨著韓國第一銀行等銀行被海外投資者接管，加劇了銀行間的競爭，真正意義上的利率自由化形成了。

關於形成利率自由化之前的情況，我們在第七章第三節探討過。韓國經濟急速增長，年增長率超過 30％，可是出口大企業的貸款利率在 6％ 左右。在這種情況下會發生什麼樣的事情呢？

在《關於經濟安定與成長的緊急命令》施行時期，已有極少數有能力的人以低利率貸到款以後，再以高利貸放貸。當然，當時的韓國為了培育出口製造業竭盡了全力，所以向出口企業提供低利率貸款是非常恰當且有效的措施。

但是在經濟已經成長起來，製造業的競爭力也得到了充分加強的情況下，還有必要繼續提供低利率貸款嗎？

特別要警惕的是，如果向沒有能力的企業提供低利率貸款，會有重新陷入 1997 年外匯危機的風險。所以在經濟達到了中等已開發國家水準之後，利率自由化的必要性就越來越緊迫了。

如果只對那些競爭力強、償還風險低的企業提供低利率貸款，而對那些競爭力弱、財務結構不健全的企業提供高利率貸款，那麼像 1997 年那樣的「投資過剩」的風險就會自行消失。

從另外一個角度看，如果企業對自己投資項目的收益充滿信心的話，即使是高利率貸款也會欣然接受的。這樣資金就比以往任何時候都能得到更為有效率的分配。

1997 年外匯危機結束之後（不計剛剛結束那段時間），規模大的企業集團破產數量變少了，銀行的經營也變得更為健全，這些都足以成為上述觀點的最好支撐。

在 2018 年 11 月，韓國中央銀行的貸款逾期率僅為 0.60％，風險最大的企業貸款逾期率也不過是 0.86％。而 1998 年韓國銀行的企業貸款逾期率曾為 8.0％，真可謂是翻天覆地的變化。

　　就這樣，如果銀行的經營變得健全，企業貸款逾期率也降低，那麼整體經濟利率也會很自然的降低。就像 1688 年光榮革命之後，政府破產的可能性一旦消失，英國的利率就馬上變低一樣。社會整體的透明度一旦提高，利率降低就是水到渠成的事情（參照第一章第一節）。

　　當然，外匯危機之後韓國的經濟也不只是好事連連，我們在下一節探討一下外匯危機以後出現的問題。

07 高失業率，是外匯危機的後遺症

　　雖然外匯危機以後韓國企業的財務狀態變好，整體經濟的利息率也下降了，但是在 1997 年外匯危機之後，韓國其實沒有真正享受過內需經濟的繁榮。

　　那麼為什麼經濟得到了增長，企業的利潤也得到了提升，可韓國內需經濟一直沒有好轉呢？其原因就在於大規模的經常帳的順差。

　　從下頁圖表 7-10 中可以發現，韓國在 1997 年外匯危機之後就沒有出現過經常帳的赤字，不僅如此，在 2010 年之後對比國內生產毛額，經常帳的順差一直以 4％到 8％的比例延續。但是問題在於，在經常帳發生順差時，往往伴隨著內需經濟的惡化。

　　為了理解這個問題，我們有必要了解國內生產毛額的構成：

　　① GDP ＝消費＋投資＋出口－進口

　　把公式①中右側的「消費」轉移到左邊，會得到公式②：

　　② GDP －消費＝投資＋出口－進口

圖表 **7-10** 對比韓國國內生產總值，經常帳的變化情況

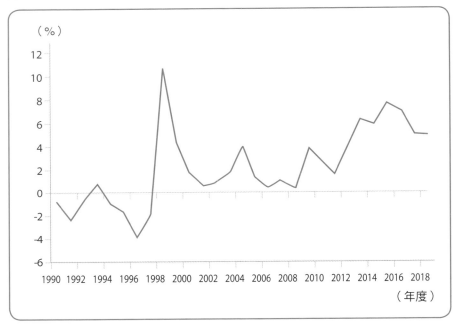

資料來源：IMF。
對比國內生產毛額，經常帳順差正在日益擴大。出現這種現象當然有韓元的價值被低估的因素，
但更多的影響來自外匯危機以後，因前景不明造成的家庭儲蓄增加和企業投資減少。

　　從經濟的角度來看，公式②中左側的「GDP －消費」是儲蓄，
右側的「出口－進口」則相當於經常帳，所以可以把公式②轉換
成公式③：

　　③儲蓄＝投資＋經常帳

把公式③中右側的「投資」轉移到左邊，就會得出公式④：

④儲蓄－投資＝經常帳

公式④表示的意義很簡單，經常帳發生大規模順差，意味著相比儲蓄而言投資卻偏少。這種現象出現的原因是外匯危機之後，家庭和企業等經濟主體對未來沒有安全感。

韓寶、起亞等曾經名震一時的大企業破產，還有數以萬計的失業大軍的產生，給曾經耳聞目睹過這一切的人們留下了很深的「心理創傷」。人們減少消費和投資，結果就導致經常帳發生了大規模的順差。

可是這裡還有一個問題，由於「民眾的消費」等於是「企業的銷售」，所以經常帳出現慢性順差，意味著內需比重高的企業面臨經營環境惡化，而這會直接導致企業的投資減少和工作機會的萎縮。

因此，最近韓國所經歷的高失業率，可以認為是 1997 年外匯危機之後，經濟主體積極性下降所造成的。

那麼怎樣才能夠解決這個問題呢？改變人們的心理是很難的，而且很費時間，根據這個思路很難找到藥到病除的妙方，但是政府擴大財政支出的政策不失為一種好的對策。

以 2018 年為基準，韓國政府的財政收支盈餘大約占國內生產總值的 1％，政府債務也不過占了國內生產總值的 12.2％。政府應該積極利用財政健全的有利條件，提供各種促進企業投資的獎勵，

同時創造公共部門的工作崗位，並積極投資基礎設施建設，從而帶動經濟長效增長。

當然，因為 1997 年外匯危機的陰影，政府執著於健全的財政也是很現實的問題，但是必須要考慮到，如果放任經常帳順差規模日益擴大，占國內生產總值的比重持續增加而內需長期不振的話，就會導致稅收規模和稅源的萎縮。

08 不要執著於健全的財政政策

　　1997 年外匯危機對韓國的經濟影響很大。隨著浮動匯率制度的實施，韓國中央銀行利率政策的影響力加強了，企業和金融機構的運作也比以往任何時候都更健康。

　　但是在企業的投資熱情不高的情況下，政府施行了緊縮的財政政策，這導致了大規模的經常帳順差和財政盈餘，使經濟始終不能擺脫內需不振的泥沼。

　　面對內需不振的局面，一般採用的方法是積極下調利率，提高整體經濟的供給流動性，但是利率自 2015 年跌落到 1％以來，出現了只有房地產市場獨領風騷等經濟整體嚴重不均衡的問題。

　　因此提振內需的任務就落到了政府的財政政策上，可是看下頁圖表 7-11 可以發現，從 2015 年開始財政收支連續三年產生盈餘，而且其盈餘規模正在變得越來越大。

　　當然，如果考慮到未來為應對老齡化問題，實行相關福利政策需要財政支出的可能性，以及由於引入的投資項目中斷而帶來的政治負擔，可以理解政府想盡量保守增加財政支出的意圖。但是如果內需日益枯竭，青年失業問題長期持續的話，政府就應該認真考慮稅收基礎是不是有崩塌的可能性。

圖表 7-11 韓國財政收支占 GDP 的比重情況

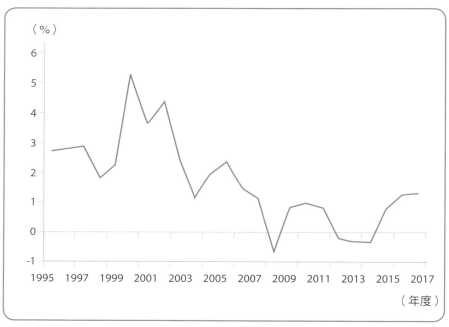

資料來源：IMF。

上圖為韓國財政收支占韓國國內生產總值比例的走勢。圖中顯示在大部分時間內，財政收支都實現了盈餘。財政收支有盈餘說明政府並沒有把收來的稅金都用盡，這代表政府在實施某種緊縮的財政政策。

經常帳長期保持順差會帶來怎樣的惡果是眾所周知的。在家庭進行過多的儲蓄，而企業的投資持續萎靡的情況下，連政府也採取緊縮的財政政策，其合理性確實值得商榷。

國家圖書館出版品預行編目（CIP）資料

金錢決定歷史，我決定好好讀史：國家
能否強盛，隔壁鄰居是關鍵；我若要有
錢，就別跟央行作對；致富的答案，都
藏在歷史裡。/ 洪椿旭著；金勝煥譯 . --
初版 . -- 臺北市：大是文化有限公司，
2021.06
272 面；17×23 公分 . --（Biz；353）
ISBN 978-986-5548-60-5（平裝）

1. 金融史　2. 世界史

561.09　　　　　　　　　110001940

Biz 353

金錢決定歷史，我決定好好讀史

國家能否強盛，隔壁鄰居是關鍵；我若要有錢，就別跟央行作對；致富的答案，都藏在歷史裡。

作　　　　者	／	洪椿旭
譯　　　　者	／	金勝煥
責 任 編 輯	／	張祐唐
校 對 編 輯	／	馬祥芬
美 術 編 輯	／	林彥君
副 總 編 輯	／	顏惠君
總 　 編 　 輯	／	吳依瑋
發 　 行 　 人	／	徐仲秋
會 　 　 　 計	／	許鳳雪、陳嬅娟
版 權 經 理	／	郝麗珍
行 銷 企 劃	／	徐千晴、周以婷
業 務 專 員	／	馬絮盈、留婉茹
業 務 經 理	／	林裕安
總 　 經 　 理	／	陳絜吾

出　版　者　／　大是文化有限公司
　　　　　　　　臺北市衡陽路 7 號 8 樓
　　　　　　　　編輯部電話：（02）23757911
　　　　　　　　購書相關諮詢請洽：（02）23757911 分機 122
　　　　　　　　24 小時讀者服務傳真：（02）23756999
　　　　　　　　讀者服務 E-mail：haom@ms28.hinet.net
郵政劃撥帳號　／　19983366　戶名／大是文化有限公司

法 律 顧 問　／　永然聯合法律事務所
香 港 發 行　／　豐達出版發行有限公司 Rich Publishing & Distribution Ltd
　　　　　　　　地址：香港柴灣永泰道 70 號柴灣工業城第 2 期 1805 室
　　　　　　　　Unit 1805,Ph .2,Chai Wan Ind City,70 Wing Tai Rd,Chai Wan,Hong
　　　　　　　　Tel：2172-6513　Fax：2172-4355
　　　　　　　　E-mail：cary@subseasy.com.hk

封 面 設 計　／　柯俊仰　　內頁排版／林雯瑛
印　　　　刷　／　鴻霖印刷傳媒股份有限公司

出 版 日 期　／　2021 年 6 月 初版
定　　　　價　／　380 元
I　S　B　N　／　978-986-5548-60-5（平裝）
電 子 書 ISBN　／　9789860742008（PDF）
　　　　　　　　9789860742022（EPUB）

50 대 사건으로 보는 돈의 역사（通过 50 个历史大事件，看钱的历史）
Copyright 2019 © By 洪椿旭
ALL rights reserved
Complex Chinese copyright © by Domain Publishing Company
Complex Chinese language edition is arranged with Rokmedia
through 韩国连亚国际文化传播公司（yeona1230@naver.com）